今日から
モノ知り
シリーズ

トコトンやさしい

金属材料の本

人類は初めて金属を手にしてから、材料としての使い方や加工方法、応用について探求してきました。金属の特性を知ることでその性能を高め、求める要素の持った金属材料へと変化させることができます。金属を材料として捉え、産業への応用と可能性を含めて解説します。

吉村泰治

B&Tブックス
日刊工業新聞社

はじめに

人類は、その進化と共に様々な材料を手にしてきた経緯があります。具体的には、自然素材である木や石、動物の骨、そして、最も大きなインパクトを与えたのは金属との出会いであったことは間違いないでしょう。人類が紀元前7000年から8000年頃までに初めて手にした銅や金は、いずれも自然金属として産出されたことから、その発見は比較的容易だったのかもしれません。しかし、当時の古代人が、木や石、動物の骨とは異なる、光沢や延性を有している金属を発見した際の驚きはとても大きかったと推測されます。

現代社会では、金属は私達の生活に欠かせない基盤となる材料の1つとなっています。例えば、街に建つ建築物には鉄鋼が、輸送機器である自動車や飛行機には軽量なアルミニウム合金やチタン合金が、社会インフラの代表である電力を供給する電線には銅が使用されています。また、情報化社会を支えるスマートフォンやタブレットの機能を司る数々の電子部品は貴金属やレアメタルでできています。このように、私達の身の周りには金属製品が溢れかえっていますが、あまりにも身近に存在しすぎているため、金属を改めて意識する機会が少なくなっているのではないでしょうか。

近年、様々な企業で、産業観光の1つとして一般消費者を対象とした工場見学が行われるようになりました。工場見学は、企業が地域貢献を目的として行っているのに対して、一般消費者にとっては、普段立ち入ることができない工場を間近に見学でき、物づくりに触れワクワクできる貴重な機会です。このため、工場見学は人気があり、各種の工場見学が紹介されたガイドブックも販売されています。この背景には、スマートフォンを使って容易に情報が入手でき、様々な商品を簡単にインターネットで購入できるようになったことから、その情報や商品の背景について更に深く知りたいという人間の知的好奇心の高まりがあるのではないでしょうか。

そこで本書では、金属を改めて意識する機会になるよう、金属の歴史から金属の種類、その加工方法、金属製品、そして将来について、幅広く平易な内容で、あたかも工場見学しているかのように解説することを心がけました。読者のみなさんの知的好奇心を満たす機会になればと願っています。

本書の対象読者は、初めて金属について学ぼうと考えている方であり、具体的には、高等専門学校および理工系大学を目指す高校生や理工系大学生、金属を取り扱う素材・加工メーカー技術者や商社担当者、更には、金属をはじめとする材料科学に興味を持つ一般の方です。

最後に、本書の発刊にあたり、日刊工業新聞社の土坂裕子氏には大変お世話になりました。ここに深く感謝申し上げます。

2019年8月

吉村　泰治

トコトンやさしい

金属材料の本

目次

目次 CONTENTS

第1章 金属とは

第2章 金属材料の種類 ―鉄鋼―

第3章 金属材料の種類 —非鉄金属—

第4章 金属材料の評価・試験方法

第5章 加工プロセス

第6章
表面処理プロセス

第7章
金属材料の用途

第8章
金属材料のこれから

第1章

金属とは

1 活用の始まりは、ほぼ純粋な自然金属

人類と金属の出会い

人類の進化は、道具に使用する材料の進歩と言っても過言ではありません。紀元前7000年から8000年頃の新石器時代では、石や動物の骨を鋭利に加工し、動物の狩りや日常生活に用いていたようです。その頃に、人類は偶然的に金属と出会ったと言われています。

人類が金属を目にするきっかけは、自然金属と呼ばれる、ほぼ純粋な金属からなる自然銅や自然金、自然銀との出会いだったようです(図)。人類が最初に出会ったのが金と銅のどちらが先であるかは明確ではなく、地域によって異なっていたようです。例えば、エジプトやアフリカでは銅が、南アメリカとメキシコでは金が最初の金属であったことが、それぞれの遺跡の発掘から分かっています。

1991年にイタリアの山中で発見された、アイスマンと名付けられた紀元前5000年頃の古代人ミイラが銅製の斧を所持していたことは記憶に新しいことです。石や動物の骨を鋭利な形状に手加工してきた古代人にとって、金属自体が放つ光沢や、希望形状へ加工できる延性などは目にしたことのないものであり、山中で金属と出会った際の驚きを想像するに難くありません。

その後、偶然にもたき火や竈《かまど》に用いた石から金属が製錬され得られた鉱石の製錬技術や、複数の金属同士を混ぜ合わせることによって高強度で高じん性な金属が得られることを知り、Cu-Sn合金(銅―錫)の青銅器時代へとつながっていったと推測されます。

また、人類の金属との出会いは自然金属だけではなかったようです。天から降ってくる隕鉄と呼ばれるFe-Ni合金(鉄―ニッケル)からなる隕石も、人類の金属との出会いの1つだったようです。実際、1991年にエジプトのピラミッド内で発見された、紀元前3000年頃の首飾りに隕鉄が使用されていたことが分かっています。

要点BOX
- ●自然銅や自然金、自然銀との出会い
- ●銅製の斧を所持していたアイスマン
- ●人類の鉄との出会いは天からの隕鉄

図　周期表

周期＼族	1	2	3	4	5	6	7	8	9	10	11	12	13	14	15	16	17	18
1	H 水素 1766																	He ヘリウム 1868
2	Li リチウム 1817	Be ベリリウム 1798											B ホウ素 1892	C 炭素 古代	N 窒素 1772	O 酸素 1771	F フッ素 1886	Ne ネオン 1898
3	Na ナトリウム 1807	Mg マグネシウム 1808											Al アルミニウム 1825	Si ケイ素 1823	P リン 1669	S 硫黄 古代	Cl 塩素 1774	Ar アルゴン 1894
4	K カリウム 1807	Ca カルシウム 1808	Sc スカンジウム 1879	Ti チタン 1825	V バナジウム 1830	Cr クロム 1899	Mn マンガン 1774	Fe 鉄 古代	Co コバルト 1735	Ni ニッケル 1751	Cu 銅 古代	Zn 亜鉛 1746	Ga ガリウム 1875	Ge ゲルマニウム 1886	As ヒ素 13世紀	Se セレン 1817	Br 臭素 1826	Kr クリプトン 1898
5	Rb ルビジウム 1861	Sr ストロンチウム 1808	Y イットリウム 1794	Zr ジルコニウム 1824	Nb ニオブ 1801	Mo モリブデン 1781	Tc テクネチウム 1937	Ru ルテニウム 1844	Rh ロジウム 1803	Pd パラジウム 1803	Ag 銀 古代	Cd カドミウム 1817	In インジウム 1863	Sn 錫 古代	Sb アンチモン 古代	Te テルル 1782	I ヨウ素 1811	Xe キセノン 1898
6	Cs セシウム 1860	Ba バリウム 1808	ランタノイド	Hf ハフニウム 1923	Ta タンタル 1802	W タングステン 1781	Re レニウム 1925	Os オスミウム 1803	Ir イリジウム 1803	Pt 白金 古代	Au 金 古代	Hg 水銀 古代	Tl タリウム 1861	Pb 鉛 古代	Bi ビスマス 15世紀	Po ポロニウム 1898	At アスタチン 1940	Rn ラドン 1900
7	Fr フランシウム 1939	Ra ラジウム 1898	アクチノイド	Rf ラザホージウム 1969	Db ドブニウム 1970	Sg シーボーギウム 1974	Bh ボーリウム 1981	Hs ハッシウム 1984	Mt マイトネリウム 1982	Ds ダームスタチウム 1995	Rg レントゲニウム 1995	Cn コペルニシウム 1996	Nh ニホニウム 2004	Fl フレロビウム 2004	Mc モスコビウム 2010	Lv リバモリウム 2004	Ts テネシン 2010	Og オガネソン 2006

ランタノイド	La ランタン 1839	Ce セリウム 1803	Pr プラセオジム 1885	Nd ネオジム 1885	Pm プロメチウム 1947	Sm サマリウム 1879	Eu ユウロピウム 1896	Gd ガドリニウム 1880	Tb テルビウム 1843	Dy ジスプロシウム 1886	Ho ホルミウム 1879	Er エルビウム 1843	Tm ツリウム 1879	Yb イッテルビウム 1878	Lu ルテチウム 1907
アクチノイド	Ac アクチニウム 1899	Th トリウム 1828	Pa プロトアクチニウム 1918	U ウラン 1789	Np ネプツニウム 1940	Pu プルトニウム 1940	Am アメリシウム 1944	Cm キュリウム 1944	Bk バークリウム 1949	Cf カリホルニウム 1950	Es アインスタイニウム 1952	Fm フェルミウム 1953	Md メンデレビウム 1955	No ノーベリウム 1966	Lr ローレンシウム 1961

凡例：アルカリ金属／典型金属／遷移金属／典型金属／非金属／ハロゲン／希ガス／金属元素／アルカリ土類金属

※各元素の下段に発見年を示す　▭は金属元素

2 金属結合がもたらす3つの特徴

化学結合とは

世の中に存在する全ての物質の基本単位は元素です。1項で示した周期表には、その元素を周期的な物理的・化学的特性の変化に従って118元素が配列されています。この周期表にある元素の約80％が金属元素です。

これらの元素からなる材料で、工業的に主に使用される材料のことを工業材料と呼びます。工業材料を材質で分類すると、金属材料、セラミックス材料、樹脂材料、複合材料の4種類に大別されます。金属・樹脂・セラミックスの特徴をそれぞれ比較すると、**表**のようになります。

金属の特徴としては、金属光沢を有すること、よく伸びて延性があること熱や電気を伝えやすいこと、が挙げられます。これら3つの特徴は、原子間の化学結合によるところが大きいです。また、錆が発生することも金属の特徴と言えます。

化学結合にはいくつかの種類があり、具体的には、金属結合、共有結合、イオン結合があります。それぞれの化学結合の模式図を**図**に示します。

金属結合とは、金属の化学結合で、規則正しく配列した陽イオンの間を自由電子が自由に動き回り、これらの間に働く静電気引力で結び付けられています。この自由電子があることにより、金属の電気伝導性や熱伝導性が大きいという性質や、金属の優れた延性につながっています。

また、金属の特徴の1つである金属光沢は、自由電子によって光が反射されることが原因です。ほとんどの金属は、全ての波長の光を反射するため、銀白色の色調からなる金属光沢を呈していますが、金と銅は、一部の波長の光を吸収するため、黄金色や赤銅色の色からなる金属光沢を呈しています。金属調メタリック塗料は、塗料に金属粉を混ぜることにより、金属光沢を実現させています。

要点BOX
- ●金属光沢を有する
- ●よく伸びて延性がある
- ●熱や電気を伝えやすい

表　金属・樹脂・セラミックスの特徴

特徴	金属	樹脂	セラミックス
密度	×	○	△
強度	△	×	○
延性	○	○	×
熱伝導	○	×	△
その他	金属光沢	—	—

図　化学結合の模式図

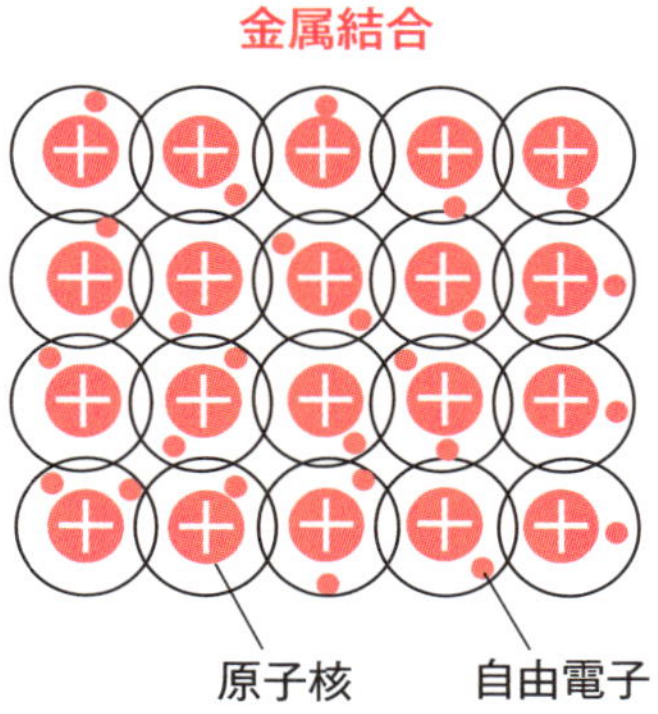

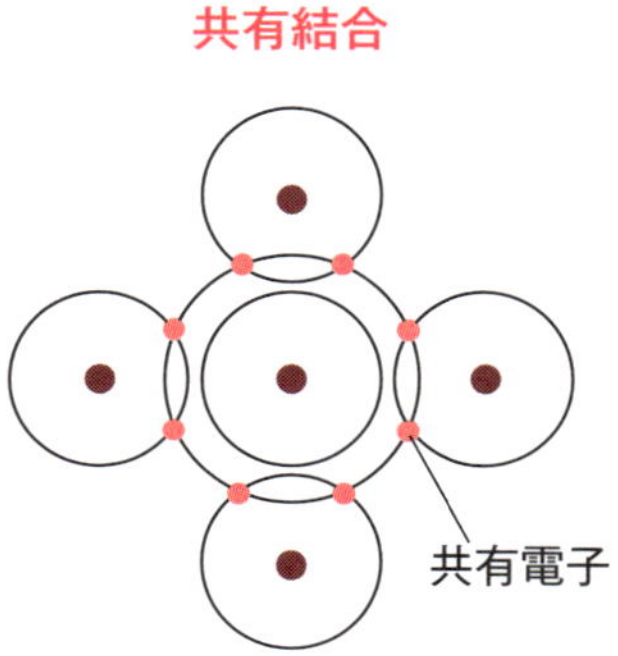

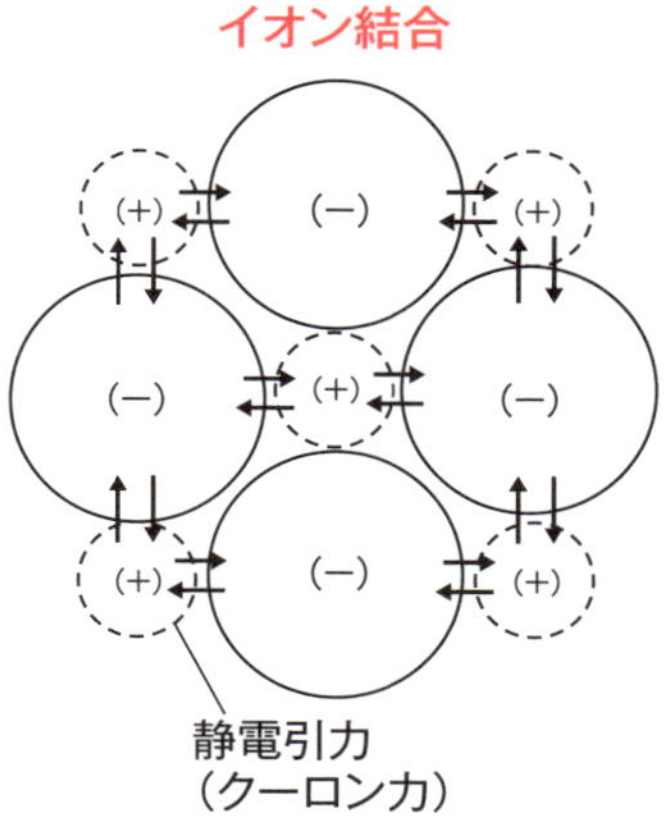

3 金属はどうしてしなやかなの？

金属の延性

金属結合によって形成されている金属は、非晶質な構造を持ったアモルファス金属を除いて、多数の原子が規則正しく配列した金属結晶の集合体から成り立っています。金属結晶の構造は、体心立方構造、面心立方構造、最密六方構造などがあります。それぞれの結晶構造を有する代表的な金属は、表に示す通りです。

金属は、自由電子と陽イオンの原子核の相互作用で結合して、上述の結晶構造を維持しています（図）。そのため、結合の方向性の自由度が高く、原子核のずれに対する抵抗が高くありません。その結果、金属は結晶面に沿ってすべりを起こしやすく、固体のままで延性があり、自由な形状に加工できます。

金属に常温で変形を加えると、あるところまでは、荷重を除荷するとばねのように元に戻ります。これを弾性変形と呼びます。弾性限界を超えて更に変形を加えると、重ねたトランプが連続的にずれるように結晶面に沿ってすべりが発生し、元の形に戻らなくなります。これを塑性変形と呼びます。塑性変形の「塑」という漢字は、「土をこねて物の形を作る」という意味があります。

このような金属の弾塑性変形の性質は、様々な金属製品に使用されています。例えば、書類をまとめるゼムクリップは、金属の弾性変形を利用したものです。あまりに厚い書類をゼムクリップで挟んで形が元に戻らなくなった経験があると思います。これは塑性変形を起こしてしまったのです。

一方、金属の塑性変形を活かした製品もいくつかあります。書類を留める際に使用するホッチキスの針は、コの字型の形状をしており、その針を紙に通した後に、針先の部分を両側から平らに曲げて書類を留めています。この針先の曲げは金属の塑性変形を活かしています。

要点BOX
- ●原子が規則正しく配列した金属結晶の集合体
- ●自由電子と原子核の相互作用で結合
- ●金属の弾塑性変形

表　金属結晶の構造

	体心立方構造	面心立方構造	最密六方構造
結晶構造	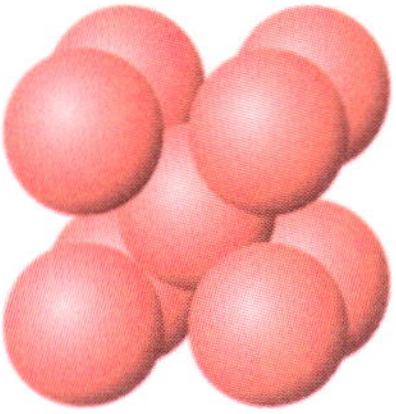	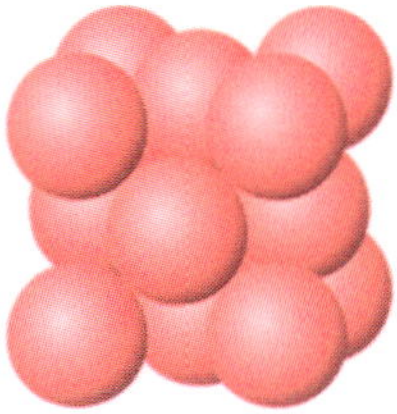	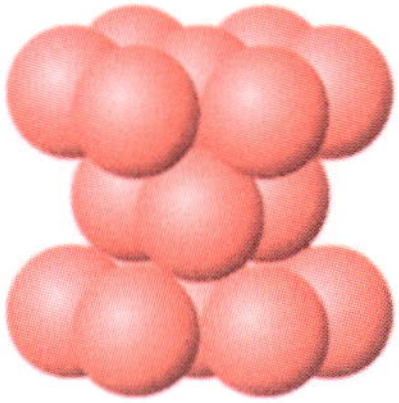
代表的な金属	鉄	銅、アルミニウム	亜鉛、チタン マグネシウム

図　自由電子と原子核の結合

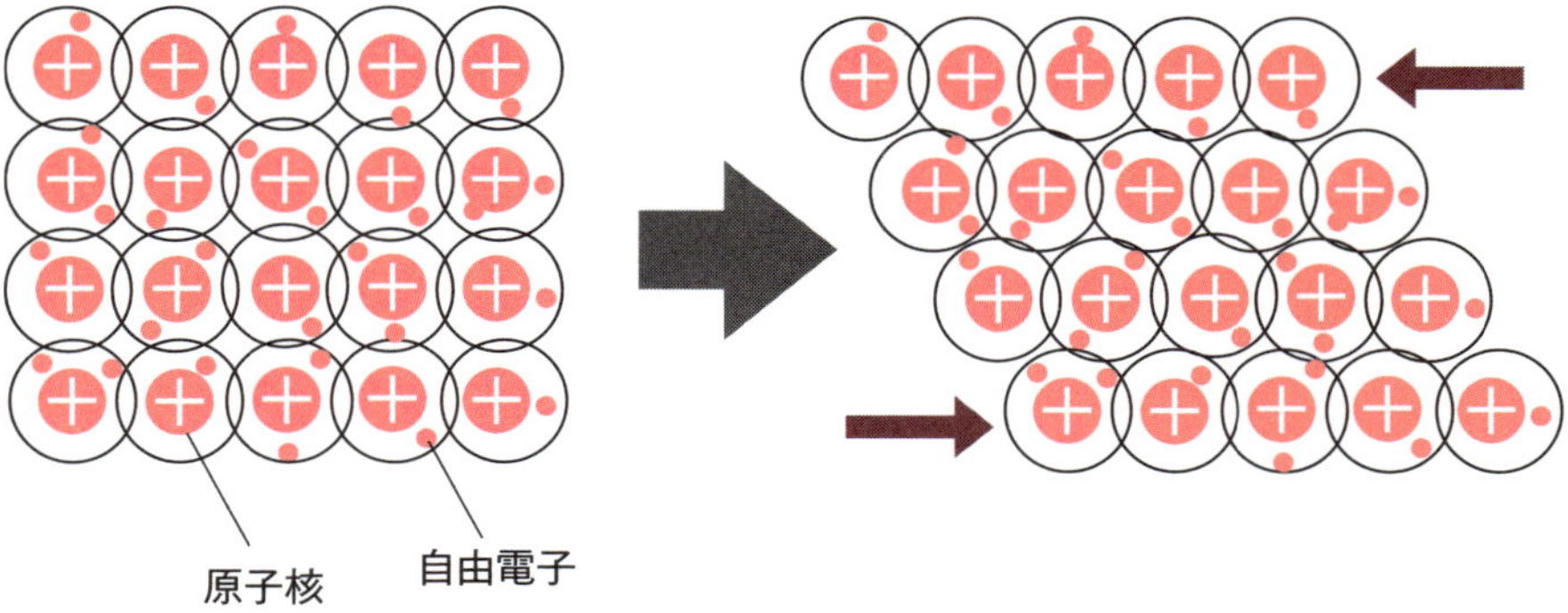

4 金属はどうして錆びるの？

金属製品に錆が発生してしまうと、見栄えも悪く、不衛生に感じ、また金属製品としての機能を満たさなくなる場合もあります。例えば、街角にある鉄鋼でできた建物や支柱の塗装が剥げた部分に発生した赤錆を見かけると、老朽化したイメージを持ちます。また、蛇口をひねって赤錆の混じった水が出てくると、不衛生さも感じてしまいます。金属製の屋根板が錆びて屋根に穴があいてしまうと、天井から雨漏りしてしまい、屋根板としての機能を果たさなくなってしまいます。このように、金属製品に錆が発生してしまうと、色々な問題が起こってしまいます。

錆を表面処理に用いる場合もあります。例えば、銅錆の緑青は、その美しさから加飾に用いられます。

金属は、自然界に存在する酸化物や硫化物などの金属鉱石を人間が製錬して人工的に作った物質です。そのため、金属は熱力学的に不安定な状態のため、金属が水と酸素と共存すると化学的に反応し、金属は元の安定した金属鉱石の状態に戻ろうとします。この化学反応を腐食と呼び、反応によって錆が金属に発生します。

金属の種類によって錆びやすさが異なり、中でも鉄は非常に錆びやすい金属です。鉄が腐食して錆が発生する反応を図に示します。鉄が空気と水に接触してイオン化します。イオン化によって残された電子が腐食電流として流れて錆が発生します。

金属は、その種類によって錆びやすさに順位があります。これをイオン化傾向と言います。イオン化傾向が大きく、錆びやすい金属を卑な金属、反対にイオン化傾向が小さく、錆びにくい金属を貴な金属と呼びます。表に、そのイオン化傾向と錆の成分、鉱石成分を示します。錆が元の金属鉱物と成分が似ていること、最も貴な金属である金が錆びずに、また自然金として存在していることについても分かります。

要点BOX
- ●錆は色々な問題を引き起こす
- ●腐食は元の金属鉱石に戻ろうとする現象
- ●イオン化傾向は錆びやすさの順位

図　鉄の腐食

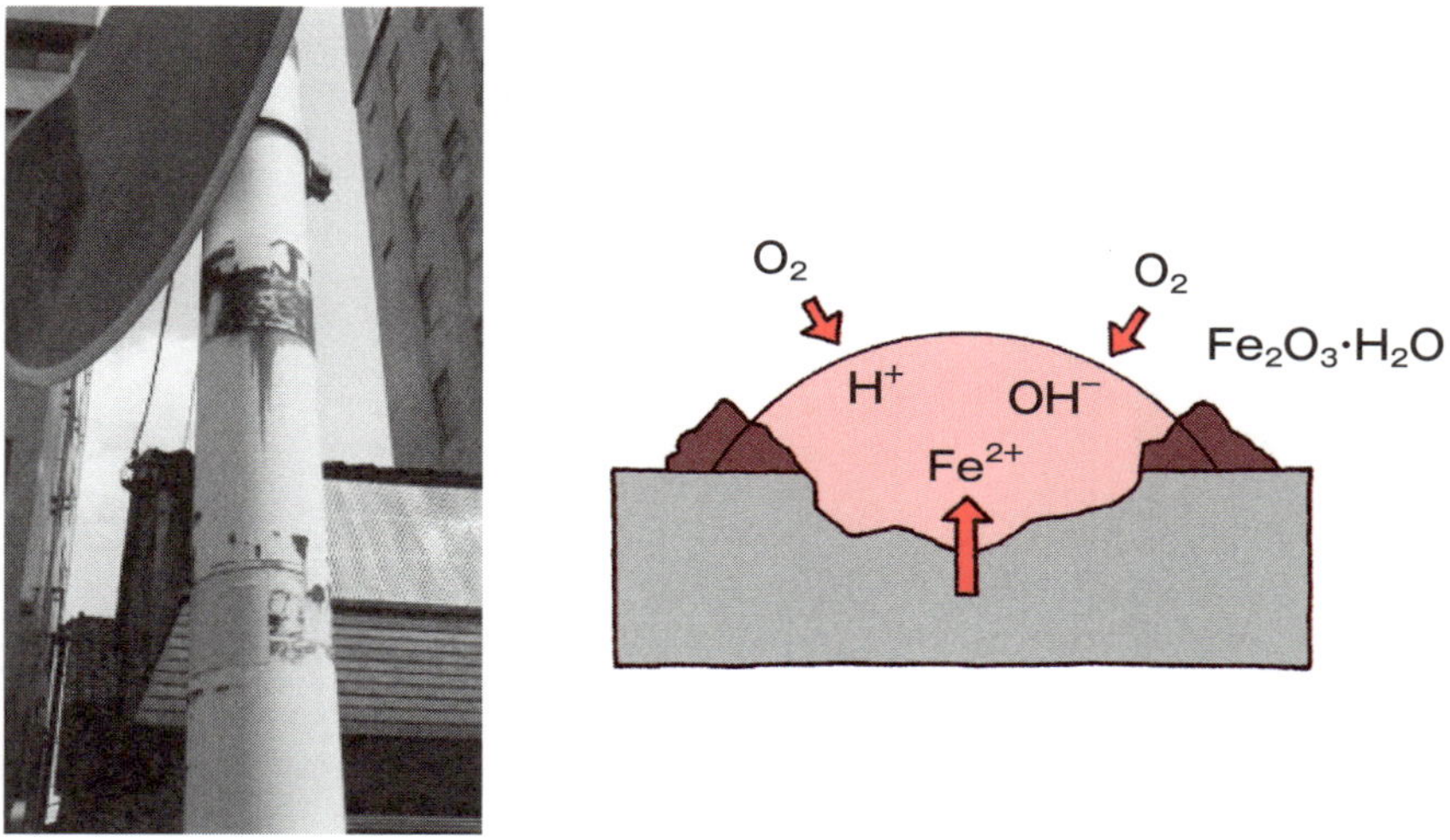

表　錆びやすい金属と錆びにくい金属

元素名	アルミニウム	鉄	錫	銅	銀	金
元素記号	Al	Fe	Sn	Cu	Ag	Au
イオン化傾向	大きい 卑な金属 錆びやすい ←→					小さい 貴な金属 錆びにくい
錆成分	Al_2O_3	$Fe_2O_3 \cdot H_2O$ α-FeOOH r-FeOOH Fe_3O_4	SnO SnO_2	Cu_2O $CuCO_3 \cdot Cu(OH)_2$	Ag_2S	錆びない
鉱石成分	$Al_2O_3 \cdot 3H_2O$ $Al_2O_3 \cdot H_2O$	Fe_2O_3 Fe_3O_4	SnO_2	Cu_2O $CuCO_3 \cdot Cu(OH)_2$	Ag（自然銀） Ag_2S	Au （自然金）

5 金属はどうして熱や電気を伝えやすいの？

金属の導電率と熱伝導度

金属の化学結合は金属結合で、規則正しく配列した陽イオンの間を自由電子が自由に動き回り、これらの間に働く静電気引力で結び付けられています。この自由電子によって、金属の導電率や熱伝導度が大きいという性質につながっています。

金属に電気を負荷すると、自由電子はプラス極に向かって移動します。これによって金属を通じて電気が伝わります。この電気の伝わりやすさのことを導電率と呼びます。

1913年に焼鈍した軟銅の20℃における電気抵抗率1.7241μΩcmを標準として100%IACS（International Annealed Copper Standard）と定めて、全ての材料の導電率が100分率で表されています。なお、現在は精錬技術の進歩によって銅の純度が向上したため、最高純度の銅の導電率は、制定された1913年より向上し、103%IACSとなっています。**表1**に、各種金属材料の導電率を示します。

また、金属は電気だけでなく、熱を伝えやすい性質も有しています。熱の伝えやすさは、熱伝導度で表されます。金属に熱を加えると、金属結晶の格子が振動して周りに熱を伝えるほかに、自由電子も振動して熱を周りに伝えます。また、この自由電子の振動による熱伝導の方が、格子振動より数十倍以上も大きいため、金属は熱をよく伝えます。**表2**に、各種金属材料の熱伝導度を示します。

金属の導電率と熱伝導度は、いずれも自由電子が担い手となっていますので、導電率と熱伝導度は常に比例関係にあります。

金属の中で最も導電率と熱伝導度が優れているのは銀です。そのため、大電流を流す接点に銀めっきが施されています。一方、銀は高価なので、一般用接点には、銀の次に導電率と熱伝導度が優れている銅が使用されます。

要点BOX
- ●自由電子によって電気が伝わる
- ●自由電子の振動によって熱が伝わる
- ●導電率と熱伝導度は比例関係

表1　金属材料の導電率

元素名	元素記号	導電率（%IACS）（20℃）
鉄	Fe	17
銅	Cu	103
アルミニウム	Al	64
マグネシウム	Mg	39
チタン	Ti	3
ニッケル	Ni	25
亜鉛	Zn	23
錫	Sn	17
金	Au	81
銀	Ag	108

表2　金属材料の熱伝導度

元素名	元素記号	熱伝導度（W/mK）（20℃）
鉄	Fe	78
銅	Cu	397
アルミニウム	Al	238
マグネシウム	Mg	156
チタン	Ti	22
ニッケル	Ni	89
亜鉛	Zn	120
錫	Sn	73
金	Au	316
銀	Ag	425

用語解説

電気抵抗率：どんな材料が電気を通しにくいかを比較するために用いる物性値

6 周期表の周期と族で元素の性質に傾向あり

周期表から見た金属

周期表では横方向の列を周期と呼び、第1周期から第7周期まであります。一方、縦方向の列を族と呼び、それぞれの族で呼び名が異なります。具体的には、1族は水素を除いたものをアルカリ金属、2族はベリリウムとマグネシウムは典型金属、その他はアルカリ土類金属、3族から12族は遷移金属、13族から18族は典型金属、非金属、ハロゲン、希ガスとなります（1項参照）。

周期表において、同じ族に含まれる各元素は、その特性が似通っています。図1および図2に、周期表における族と融点、周期表における族と沸点の関係を示します。これらの図から、融点と沸点の間には関係があることが分かります。また、融点と沸点は周期表の族と共に変化し、6族元素と14族元素にピークがあります。6族元素のモリブデンとタングステンの融点は、それぞれ2623℃、3422℃と高いことから、照明用フィラメントや電極、高温炉部材などに用いられています。

表に10族、11族、12族元素の電気抵抗率、熱伝導度、標準電極電位を示します。11族元素はいずれも導電率と熱伝導度が大きいことが分かります。

金属には、水溶液中で電子を放出してイオンになろうとする性質があります。このイオンになるために必要なエネルギーを標準電極電位と呼びます。この標準電極電位が高いほど、イオンになり難く、腐食しにくいことを意味しています。10族、11族、12族の元素の中で、金は最も標準電極電位が高く、イオンになり難く、腐食しにくい金属であると言えます。また、同一周期では12族元素の標準電極電位が小さく、第4周期より第5周期、第6周期の元素ほど、標準電極電位が大きくなっています。

以上のように、周期表の周期と族によって、元素の融点と沸点、電気抵抗率と熱伝導度、標準電極電位などの性質に傾向があることが分かります。

要点BOX
- ●融点と沸点は周期表の族と共に変化
- ●導電率と熱伝導度が大きい11族元素

図1　周期表における族と融点の関係

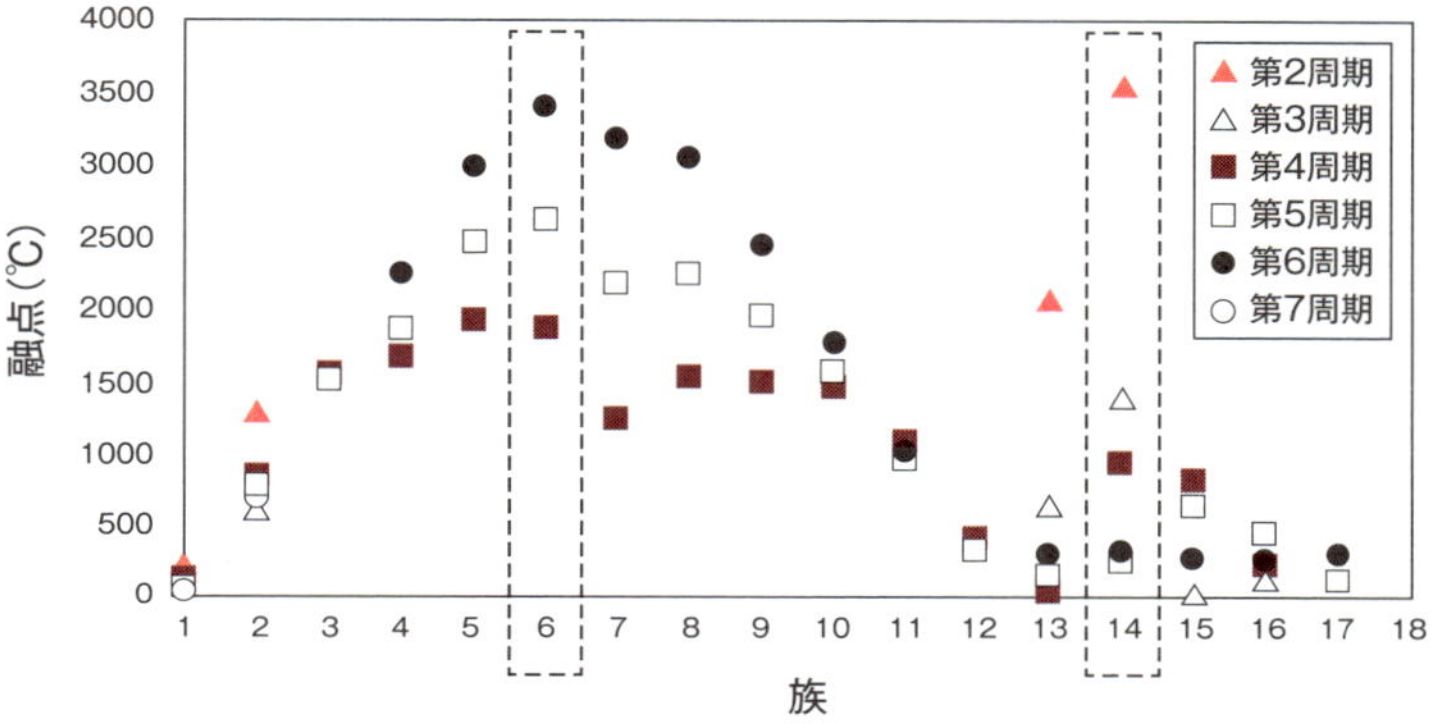

図2　周期表における族と沸点の関係

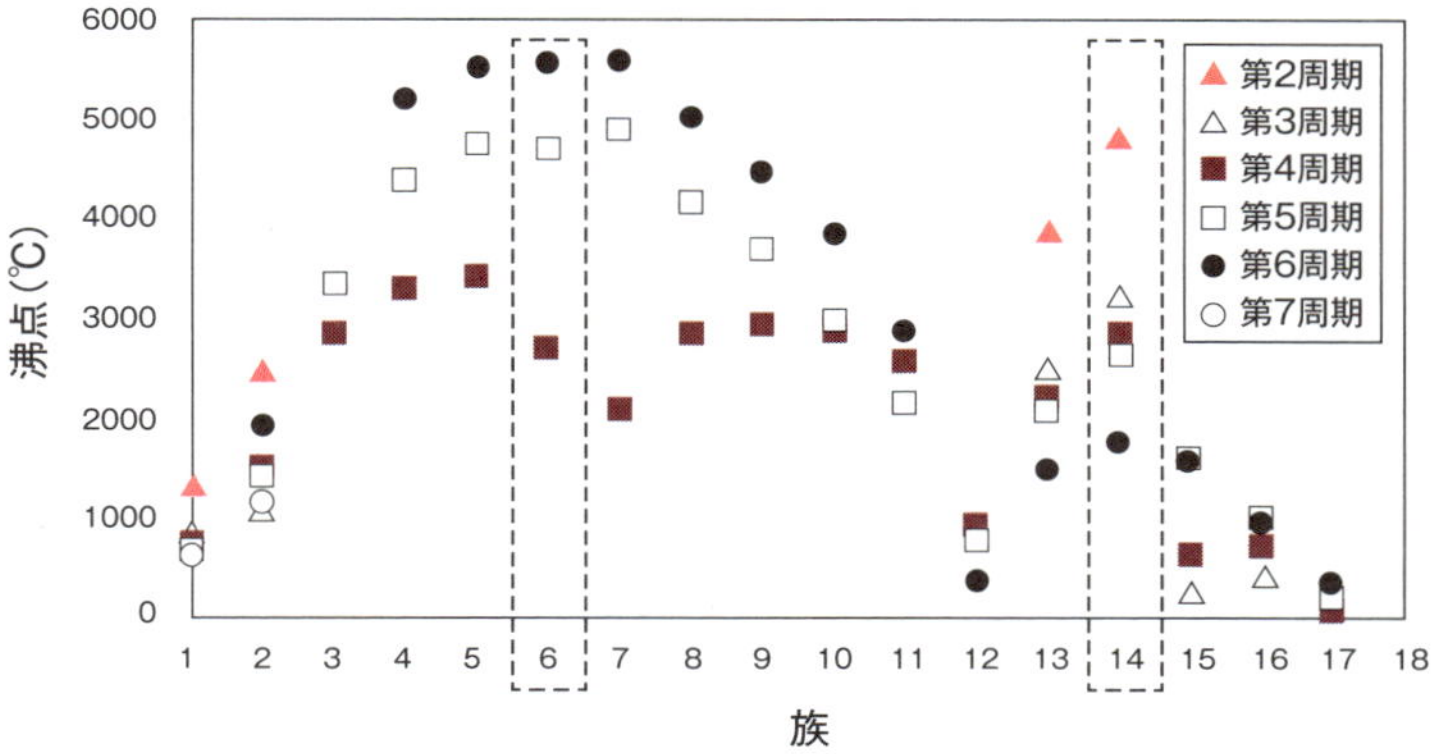

表　10族、11族、12族元素の電気抵抗率、熱伝導度、標準電極電位

族	周期	元素	電気抵抗率（$10^{-2}\mu\Omega m$）	熱伝導度（W/mK）	標準電極電位（V）
10族	4	Ni	6.9	89	−0.26
	5	Pd	11	75	0.92
	6	Pt	11	73	1.19
11族	4	Cu	1.7	397	0.34
	5	Ag	1.6	425	0.80
	6	Au	2.2	316	1.69
12族	4	Zn	6	120	−0.76
	5	Cd	7	103	−0.40
	6	Hg	96	8.7	0.80

7 状態図は金属材料開発に使用する道しるべ

一般的に使われる金属材料は、単一の金属からなる純金属を使用する場合は限られており、異なる数種類の金属を混ぜた金属を使う場合が多いです。この複数の金属を混ぜた金属を合金と呼びます。金属は合金にすることによって、機械的性質や耐食性などの特性が向上するからです。

合金をその構造で大別すると、**図1**に示すように、2種類に分けることができます。その1つは、元の金属のどちらかの構造を保持しながら一方の金属原子がランダムに入れ替わった固溶体と呼ばれるもの、もう1つは、元の金属とは全く異なる構造を持ち、簡単な整数比の組成から成る金属間化合物と呼ばれるものです。

金属材料の合金開発を行う上で、要件となる強度や耐食性などの特性を得るためには、混ぜる金属の種類と量の選定が重要になります。この時に役立つのが状態図です。状態図とは、混ぜる際の割合と温度の関係で相状態を示す図であり、材料開発を行う上で欠かせない、いわゆる「材料開発に使用する道しるべ」なのです。

状態図の1例として、**図2**にアルミニウムと銅の状態図を示します。図の横軸はアルミニウムと銅の配合比率を、縦軸は温度をそれぞれ示しています。横軸の一番左端が純アルミニウム、一番右側がアルミニウムに53・5%の銅を混ぜた状態を表しています。アルミニウムと銅の状態図には、温度とアルミニウムと銅の割合によって、6つの領域がそれぞれ存在しています。

このうち、②アルミニウムの固体(α)は、アルミニウムの構造を保持しながら銅の金属原子がランダムに入れ替わった固溶体です。一方、③アルミニウムと銅が一定の組成比からなる固体(θ)は、アルミニウムとは全く異なる構造を持ち、銅とアルミニウムが1対2の組成比からなる$CuAl_2$という金属間化合物です。

要点BOX
- 金属は合金にすることによって特性が向上
- 固溶体と金属間化合物

図1　合金の構造による分類

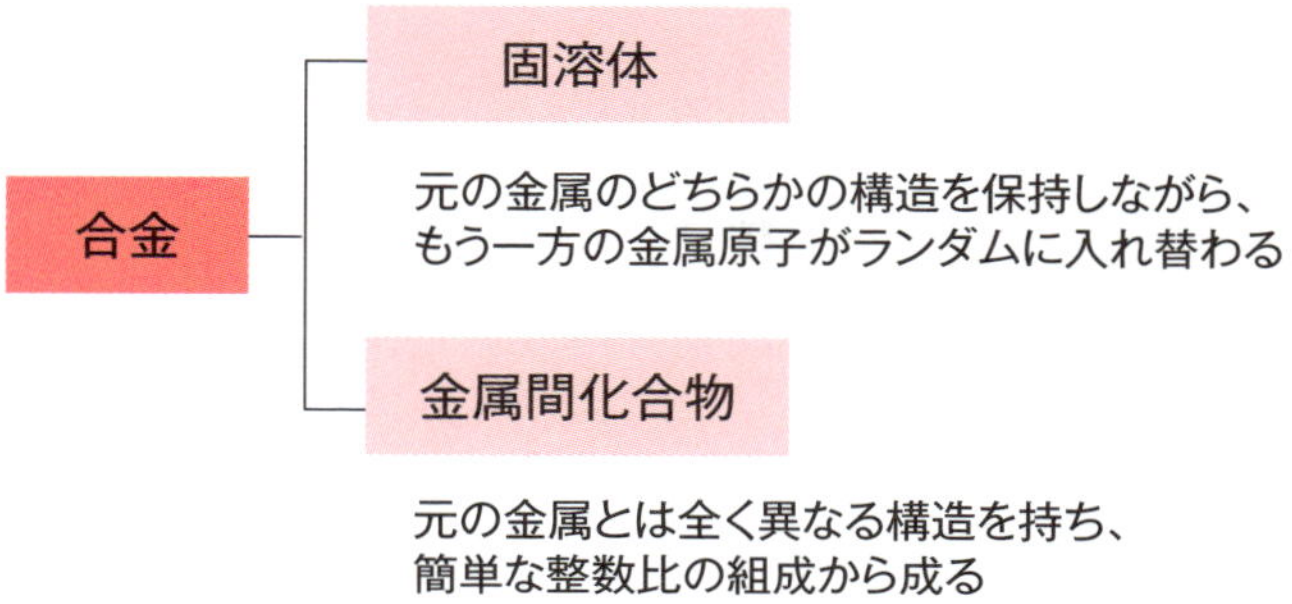

図2　アルミニウムと銅の状態図

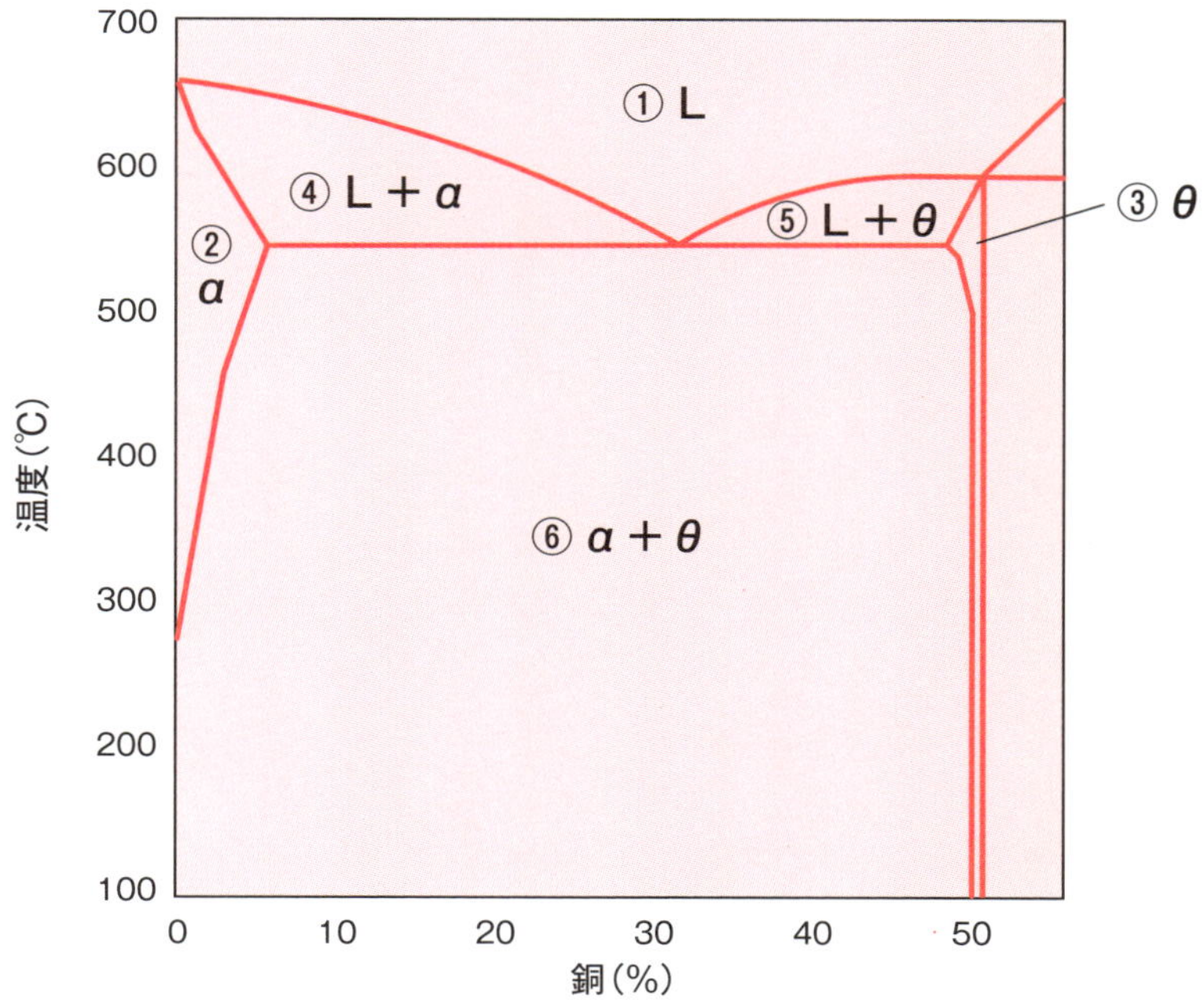

①アルミニウムと銅が混ざった液体（L）
②アルミニウムの固体（α）
③アルミニウムと銅が一定の組成比からなる固体（θ）
④アルミニウムと銅が混ざった液体（L）とアルミニウムの固体（α）
⑤アルミニウムと銅が混ざった液体（L）とアルミニウムと銅が一定の組成比からなる固体（θ）
⑥アルミニウムの固体（α）とアルミニウムと銅が一定の組成比からなる固体（θ）

8 周期表以外にもある金属材料の分類方法

金属材料の分類

周期表にある118の元素の約80％を占める金属元素からなり、工業的に主に使用される工業材料の1つである金属材料は、図に示すように、様々な分類ができます。

具体的には、金属材料を鉄とそれ以外で分類する鉄鋼／非鉄金属、密度が4～5g/cm^{3}の前後で分類する軽金属／重金属、生産・消費される量で分類するコモンメタル／レアメタル、金・銀などの化学的に安定で価値がある貴金属などです。

鉄は最も多く生産され、使用されている金属材料であり、その生産量はその国の国力を示す基準とも言われています。「鉄は国家なり」「鉄は産業のコメ」などと表現されるように、鉄はあらゆる産業の基盤となっています。一方、非鉄金属は鉄以外の金属材料の全てであり、鉄が有していない様々な優れた特徴を持っています。多く生産・消費される鉄と、銅、アルミニウム、鉛、亜鉛、錫の5種類の非鉄金属をコモンメタル、もしくはベースメタルと呼びます。

コモンメタル、もしくはベースメタルに対して、非鉄金属の中で生産・消費量の少ない元素をレアメタルと呼び、47種類の非鉄金属が該当しています。海外ではマイナーメタルとも呼ばれています。「産業のビタミン」と表現されています。

密度が4～5g/cm^{3}の前後の軽金属としては、アルミニウム、マグネシウム、チタンがあります。それぞれの金属およびその合金は、構造体の軽量化を図る場合に重要な金属材料となります。

化学的に安定していて希少な非鉄金属は貴金属とされ、金、銀、プラチナ、パラジウム、ルテニウム、ロジウム、イリジウム、オスミウムの8種類が該当します。

金属工芸では、金、銀、銅、鉄、錫を五金として、それぞれ黄金、白金、赤金、黒金、青金と呼びます。

要点BOX
- ●鉄とそれ以外で分類
- ●密度が4～5g/cm^{3}の前後で分類
- ●生産・消費される量で分類

図　金属材料の分類

- 工業材料
  - 金属
    - 鉄鋼：鉄
    - 非鉄金属：鉄以外
    - 重金属
    - 軽金属：密度が4～5g/cm³前後
    - コモンメタル（ベースメタル）：鉄、銅、アルミニウム鉛、亜鉛、錫
    - レアメタル：47元素
    - 貴金属：8種類の非鉄金属
  - 樹脂
    - 熱可塑性
    - 熱硬化性
  - セラミックス
    - 天然
    - 合成
  - 複合材料

金属を材料として活用するには、特徴ごとに分類することも必要なのさ
いくつかの分類方法があるんですね

Column

人間の健康を左右する金属

元素を生命活動の観点から分類すると、図のように分けられます。具体的には、人間の生命を維持する上で欠かせない必須元素と、それ以外の非必須元素です。更に必須元素は、生体を構成する主要な多量元素と微量元素に分けられます。

多量元素の上位11を挙げると、酸素、炭素、水素、窒素、カルシウム、リン、硫黄、カリウム、ナトリウム、塩素、マグネシウムです。表に、人体中の多量元素と海水中の微量元素を含有量の多い順に示します。人体中の多量元素7位のリンを11位のマグネシウムと入れ替えると、10位までの人体中の多量元素と海水中の微量元素が一致します。また、ジルコニウムや鉛、アルミニウムなどの非必須元素の海水中濃度は低い傾向にあります。人体中の多量元素と海水中の微量元素の一致と非必須元素の海水中濃度の低さは、生命が海から誕生した証拠の1つと言えるのではないでしょうか。

微量元素は、人体中に数ppmしか存在しませんが、人間が生命活動を維持するには必須の元素です。具体的には、ケイ素、フッ素、バナジウム、クロム、マンガン、鉄、コバルト、ニッケル、銅、亜鉛、ヒ素、セレン、モリブデン、錫、ヨウ素の15元素です。微量元素は、摂取が少なすぎて欠乏しても、過剰に摂取しすぎても成長に悪影響を与えて、時には死亡することもあるようです。

何ごとも、ほどほどが良いようですね。

図　生命活動における元素の分類

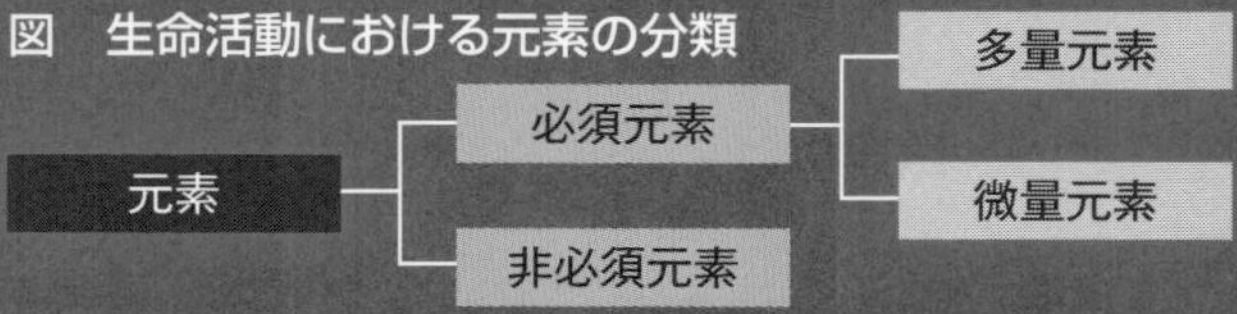

表　10主要元素

順位	1	2	3	4	5	6	7	8	9	10	11
人体中の多量元素	H	O	C	N	Na	Ca	P	S	K	Cl	Mg
海水中の微量元素	H	O	Na	Cl	Mg	S	K	Ca	C	N	

出典：「元素と進化」江上不二夫、化学10月号 第29巻 第10号、化学同人

第2章

金属材料の種類
―鉄鋼―

9 最も多く生産され、使用されている金属

鉄鋼

鉄は、宇宙誕生と共に始まった核融合の最終形で、構造的に最も安定した元素と言われています。約46億年前に誕生した地球は、鉄やケイ素、マグネシウムの酸化物からなり、鉄は地球の総重量の約35％を占めると言われています。

鉄鋼とは、鉄を主成分とする金属で、英語では、iron and steel、もしくはferrous metalと表現します。鉄鋼は、金属の中で最も多く生産され使用されています。その用途は、ビルの構造体や橋、産業機械、自動車、船、容器などがあり、様々な分野で広く使われています。その理由は、鉄鋼の高い強度、加工性の良さ、安価なことです。

鉄鋼の製造方法は、まず、高炉にて酸化鉄を主成分とする鉄鉱石を還元して銑鉄《せんてつ》を作ります（図1）。このことを製銑と呼び、銑鉄の炭素量は3～4％と非常に高く、脆い状態です。次に、製鋼炉にて銑鉄の炭素、硫黄、リンの含有量を調整し、炭素量が2％以下の鉄鋼が製造されます。このことを製鋼と呼びます。製鋼工程で製造された鋳塊のことを粗鋼と呼び、2016年の世界における粗鋼生産量は約16億tで、そのうち、中国の粗鋼生産量は約8億t、日本は約1億tです。

鉄鋼の分類には様々な方法がありますが、圧延法によって造られた鉄鋼に従って大別すると、図2に示すように、普通鋼と特殊鋼に分類されます。普通鋼は、構造用に使用される軟鋼を中心としたもので、炭素、ケイ素、マンガン、リン、硫黄を含んでいる鋼のことです。

特殊鋼は、普通鋼以外の鉄鋼のことで、炭素含有量の規定のほか、更にクロムやニッケル、モリブデンなどの非鉄金属を添加して、普通鋼に対して機械的性質、耐食性、耐熱性などを向上させた鉄鋼です。具体的には、①合金鋼②工具鋼③特殊用途鋼に分けられます。

要点BOX
- 鉄を主成分とする金属
- 世界における粗鋼生産量は約16億t
- 普通鋼と特殊鋼に分類

図1　鉄鋼の製造方法

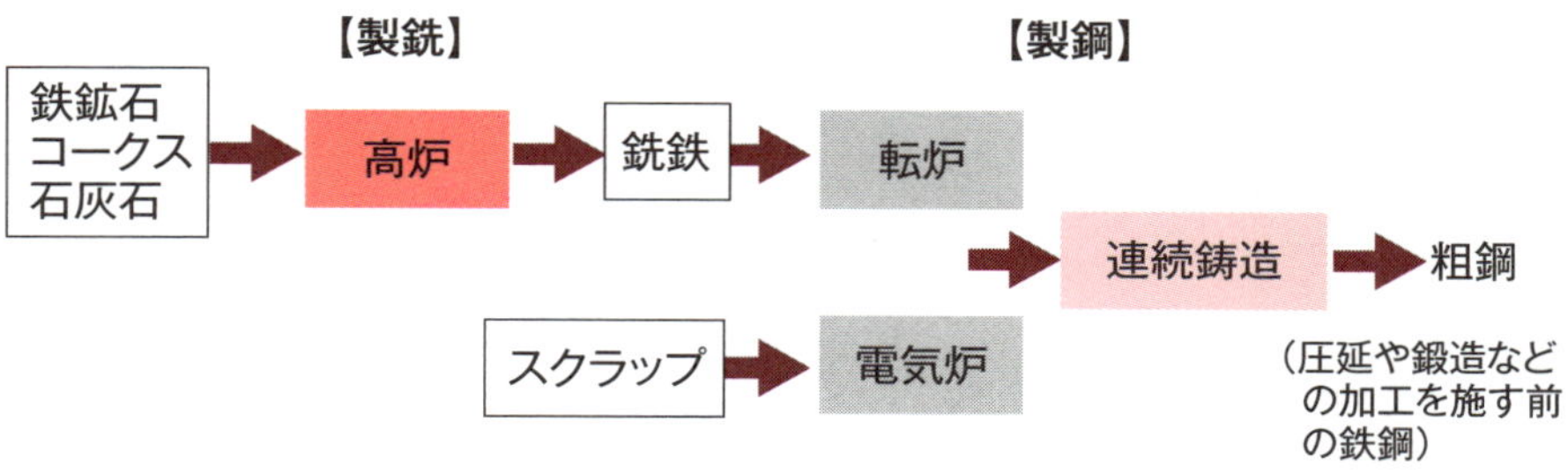

図2　鉄鋼の分類

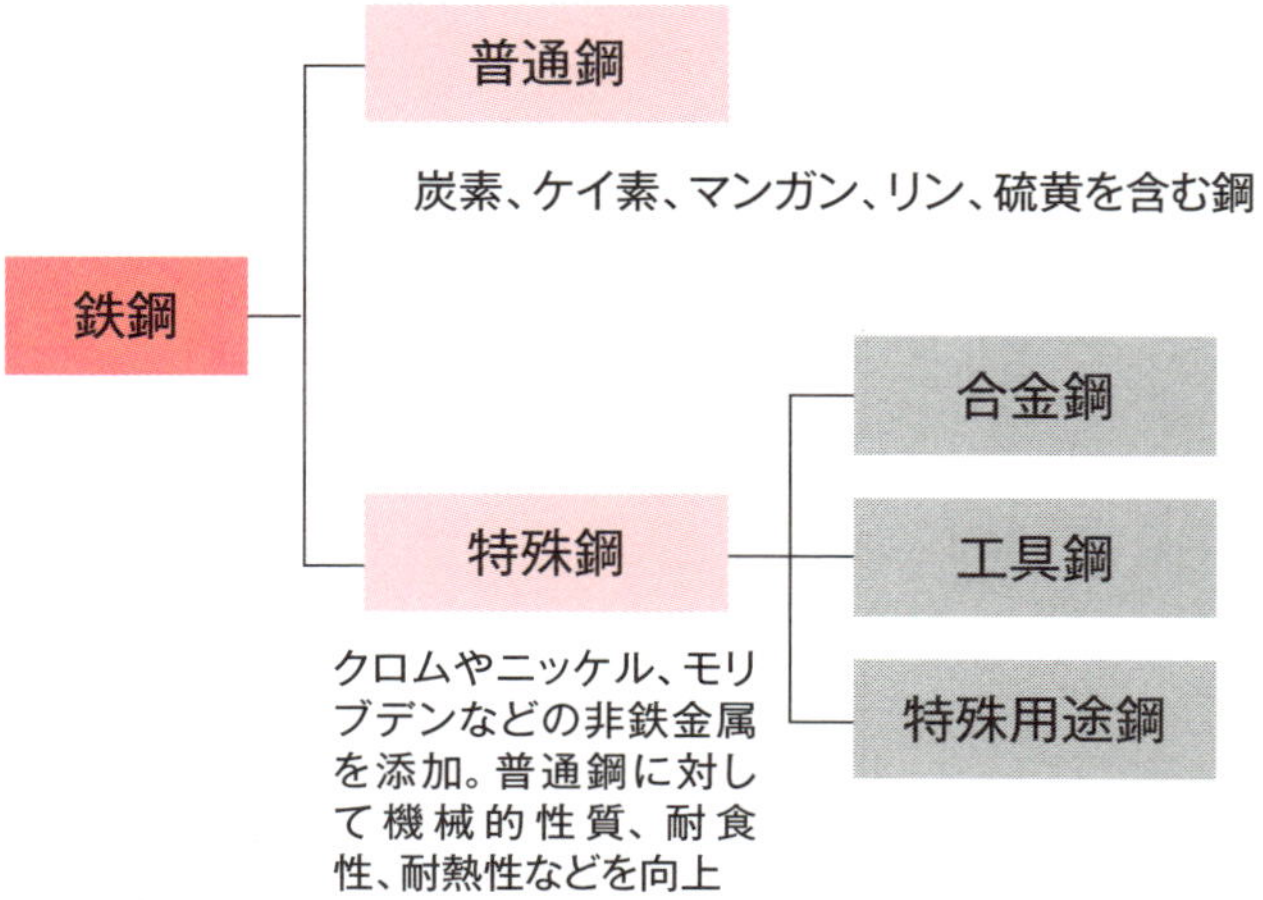

10 軟鋼を中心とした構造用鋼

普通鋼

普通鋼は、JIS鋼材規格のSS材、SM材、SB材、SG材、SPH材、SPHT材、SAPH材、SPC材が該当します。普通鋼は炭素鋼とも呼ばれます。特に、炭素量が0・3％未満を低炭素鋼、0・3～0・5％を中炭素鋼、0・5％を超えるものを高炭素鋼と呼びます。この普通鋼の生産量は、鉄鋼生産量の約80％を占めます。この中で、代表的なものについて次に説明します。

一般構造用圧延鋼材は、SS材と呼び、建築や橋、車両などの構造物に使用されます。引張強度によって、SS330、SS400、SS490、SS540の4種類があります。表1に合金組成と用途を示します。最も代表的なのはSS400で、リンと硫黄の組成が0・05％以下という規定がなされています。

溶接構造用圧延鋼材は、SM材と呼び、SS材に次いで多く使われています。表2に合金組成を示します。SM材は、船体や橋梁などに使用されており、溶接性の尺度である炭素当量Ceqと衝撃値が規定されています。炭素当量Ceqは、添加元素が鋼を硬くする度合を示すもので、次式によって求められます。

Ceq = C + Mn/6 + Si/24 + Ni/40 + Cr/5 + Mo/4 + V/14（重量％）

ボイラおよび圧力容器溶鋼板は、SB材と呼び、高圧力で使用される容器に用いられます。使用温度によって、常温用、中温用、高温用に分けられています。

冷間圧延鋼板および鋼帯は、SPC材と呼び、熱間圧延材を酸洗い後、冷間圧延した鋼板で、厚みは0・15～3・2㎜が一般的です。表3にSPC材の合金組成と用途を示します。JIS鋼材規格では、一般用のSPCCの他に、絞り用のSPCD、深絞り用のSPCEがあります。自動車などの車両の外板、電気製品の外板、各種容器などに用いられています。

要点BOX
- ●普通鋼の生産量は鉄鋼生産量の約80％
- ●SS材は建築や橋、車両などの構造物に
- ●SPC材は自動車や電気製品の外板、容器に

表1　SS材の合金組成と用途

	化学組成(%)				用途
	炭素(C)	マンガン(Mn)	リン(P)	硫黄(S)	
SS330	—	—	~0.05	~0.05	鋼板、鋼帯、平鋼、棒鋼
SS400					鋼板、鋼帯、平鋼、棒鋼、形鋼
SS490					
SS540	~0.3	~1.6	~0.04	~0.04	鋼板、鋼帯、平鋼、棒鋼、形鋼

表2　SM材の合金組成

	化学組成(%)						
	炭素(C)			ケイ素(Si)	マンガン(Mn)	リン(P)	硫黄(S)
	厚さ~50	厚さ~100	厚さ50~200				
SM400B	~0.2	—	~0.22	~0.35	0.6~1.5	~0.035	~0.035
SM400C	—	~0.18	—	~0.35	0.6~1.5	~0.035	~0.035
SM490A	~0.2	—	~0.22	~0.55	~1.65	~0.035	~0.035
SM490B	~0.18	—	~0.2	~0.55	~1.65	~0.035	~0.035
SM490C	—	~0.18	—	~0.55	~1.65	~0.035	~0.035

表3　SPC材の合金組成と用途

	化学組成(%)					用途
	炭素(C)	ケイ素(Si)	マンガン(Mn)	リン(P)	硫黄(S)	
SPCC	~0.15	—	~1.0	~0.1	~0.035	一般用
SPCD	~0.1	—	~0.5	~0.04	~0.035	絞り用
SPCE	~0.08	—	~0.45	~0.03	~0.03	深絞り用

用語解説

酸洗い：表面に生成した酸化物を酸溶液中に浸けて除去する処理

11 普通鋼より特性を向上させた鉄鋼

特殊鋼

特殊鋼は、普通鋼に対して機械的性質、耐食性、耐熱性などを向上させた鉄鋼です。具体的には①合金鋼②工具鋼③特殊用途鋼に分けられます。

合金鋼は、調質を行って使用する、JIS鋼材規格のSC材やSCr材、SCM材が該当します。SC材は機械構造用炭素鋼のことで、炭素量が0・1～0・58%までの範囲で規定されています（**表**）。SCr材は機械構造用炭素鋼に約1%のクロムを添加し、焼入れ性を向上させています。SCM材は約1%のクロムのほかに、0・25%程度のモリブデンも添加し、焼入れ性を更に向上させており、強力ボルトやクランク軸などに用いられています。

工具鋼は①炭素工具鋼②合金工具鋼③高速度工具鋼に分類されます（**図**）。炭素工具鋼は、JIS鋼材規格のSK材で、炭素以外に特別な元素を含まず、炭素量が1～1・3%の高炭素のものは耐摩耗性が要求されるやすりやドリル、炭素量が0・6～0・9%の低炭素のものはたがねや刻印に、それぞれ使用されます。

合金工具鋼は、JIS鋼材規格のSKS材やSKD材で、炭素工具鋼の特性を改善するために、ケイ素、マンガン、クロム、タングステン、モリブデン、バナジウムなどが添加され、切削工具用、冷間金型用、熱間金型用に分類されています。

高速度工具鋼は、JIS鋼材規格のSKH材で、高速度切削に耐える工具鋼のことです。切削速度を上げることによる刃先温度上昇に対応するために、高温における耐摩耗性が優れていることが要件です。高速度工具鋼の製造には、偏析のない微細な炭化物が分散した状態を実現するために、粉末冶金法が利用されています。

特殊用途鋼は、特別な用途に使われる特殊鋼のことで、ステンレス鋼や耐熱鋼、ばね鋼、軸受鋼などがあります。

要点BOX
- 合金鋼、工具鋼、特殊用途鋼に分類
- 合金鋼はSC材、SCr材、SCM材
- 工具鋼はSK材、SKS材、SKD材、SKH材

表　SC材の合金組成

種類	化学組成(%)				
	炭素(C)	ケイ素(Si)	マンガン(Mn)	リン(P)	硫黄(S)
S10C	0.08~0.13	0.15~0.35	0.3~0.6	~0.03	~0.035
S20C	0.18~0.23	0.15~0.35	0.3~0.6	~0.03	~0.035
S30C	0.27~0.33	0.15~0.35	0.6~0.9	~0.03	~0.035
S40C	0.37~0.43	0.15~0.35	0.6~0.9	~0.03	~0.035
S50C	0.47~0.53	0.15~0.35	0.6~0.9	~0.03	~0.035

図　工具鋼の分類

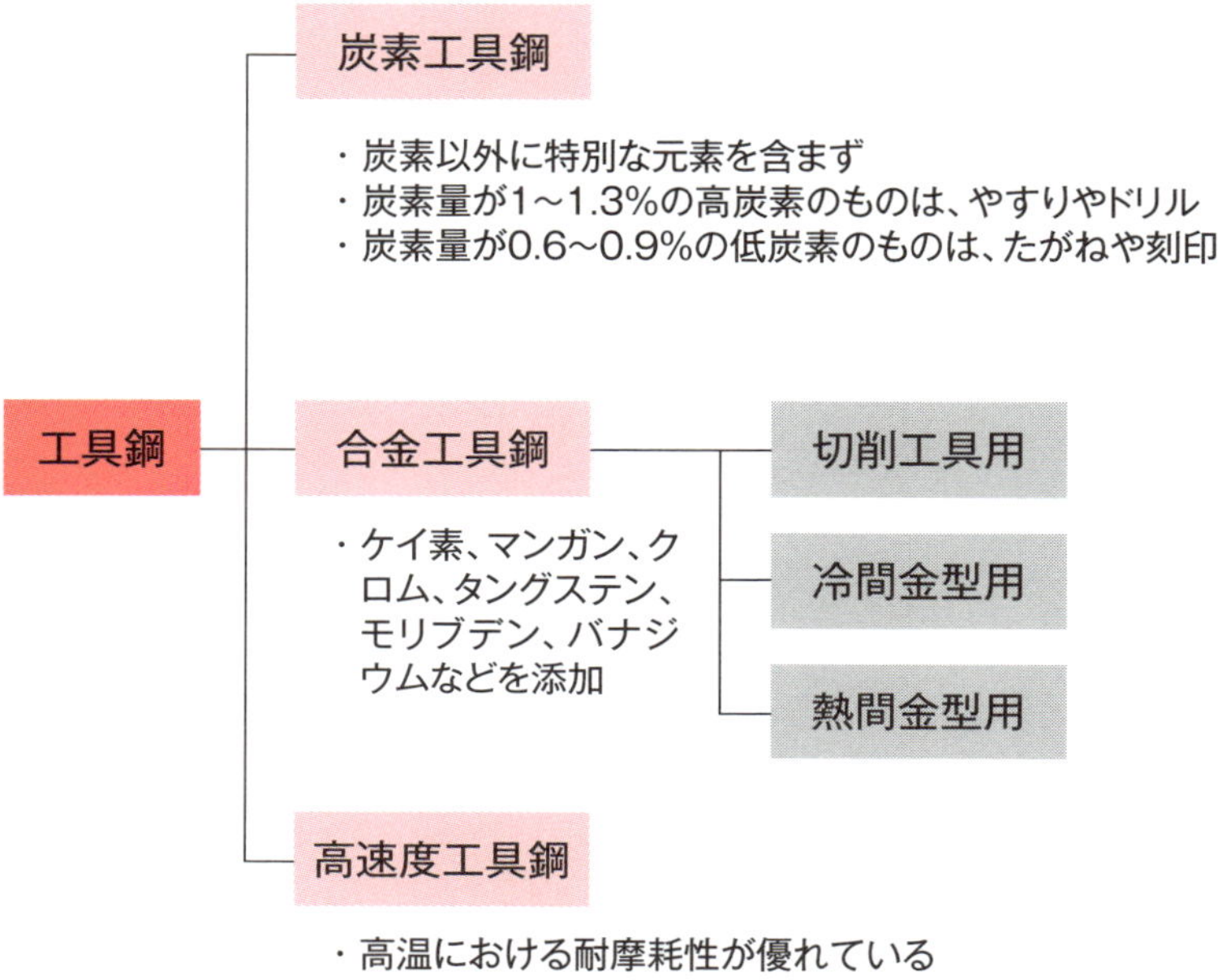

工具鋼
炭素工具鋼
・炭素以外に特別な元素を含まず
・炭素量が1~1.3%の高炭素のものは、やすりやドリル
・炭素量が0.6~0.9%の低炭素のものは、たがねや刻印
合金工具鋼
・ケイ素、マンガン、クロム、タングステン、モリブデン、バナジウムなどを添加
切削工具用
冷間金型用
熱間金型用
高速度工具鋼
・高温における耐摩耗性が優れている

12 クロム、またはクロムとニッケルを含む特殊鋼

ステンレス鋼

クロム、またはクロムとニッケルを含有する特殊鋼の1種で、クロムが11％以上含有する鉄鋼をステンレス鋼と呼びます。ステンレス鋼の表面には、不働態皮膜と呼ばれる、クロム酸化物からなる強固な酸化皮膜が生成しているため、ステンレス鋼は耐食性が優れています。そのため、ステンレス鋼は、その高い耐食性を活かしてナイフやフォーク、スプーン、鍋、システムキッチン、公園の滑り台や列車の外装に使用されています。

ステンレス鋼は、表に示すように、JIS鋼材規格で3桁の数字で分類されています。それぞれ金属組織の違いで、フェライト系、マルテンサイト系、オーステナイト系、オーステナイト・フェライト系があります。JIS鋼材規格では、ステンレス鋼として60種類が規定されています。

フェライト系ステンレス鋼は、クロムを18％含有するSUS430が代表的なステンレス鋼で、冷間加工性も優れており、ニッケルを含有しないため、安価なことが特徴です。その一方で、常温以下の温度で脆くなる低温脆性や、400～550℃に加熱すると脆化する475℃脆性という課題もあります。

オーステナイト系ステンレス鋼は、クロム18％、ニッケル8％含有を基本とするSUS304が代表となるステンレス鋼で、耐食性と加工性がフェライト系ステンレス鋼より優れています。環境によっては、粒界腐食や応力腐食割れ、孔食、すき間腐食などが発生する場合があります。

オーステナイト・フェライト系ステンレス鋼は、金属組織がオーステナイトとフェライトの混合組織となるようにクロムとニッケルの含有量を調整したステンレス鋼で、2相ステンレス鋼とも呼ばれています。オーステナイト・フェライト系ステンレス鋼は、オーステナイト系ステンレス鋼の課題である粒界腐食や応力腐食割れが改善されています。

要点BOX
- ●クロムが11％以上含有する鉄鋼
- ●200番系、300番系、400番系で分類
- ●孔食は酸化被膜に小さな孔が開くこと

表　ステンレス鋼の分類

種類	金属組織・代表的な鋼種
SUS200番系	オーステナイト系 SUS201、SUS202 SUS304、SUS316 オーステナイト・フェライト系 SUS329J1
SUS300番系	
SUS400番系	フェライト系 SUS430 マルテンサイト系 SUS403、SUS410、SUS440

ステンレス鋼は60 種類あるんだ。それぞれ特徴があって、場面に応じて使用する素材を選択しているのさ
耐食性、強度、冷間加工性、耐熱性、快削性などですね

13 溶解温度が比較的低く、流動性に優れる

鋳鉄

炭素を2～4・5%、その他に、ケイ素やマンガン、リン、硫黄などを含有する鉄─炭素系合金を鋳鉄と呼びます。鋳鉄は、溶解温度が比較的低く、流動性に優れるため、鋳物に使用されます。高炉で作った銑鉄は、製鋼用と鋳物用銑鉄の2種類があります。

鋳物用銑鉄は、石灰石や鋼くずと共にキュポラと呼ばれるコークス燃焼炉で溶かして、鋳鉄が製造されます。鋳鉄は、**図1**に示すように、炭素が黒鉛化したねずみ鋳鉄、鉄の炭化物であるセメンタイトが存在する白鋳鉄、黒鉛とセメンタイトが存在するまだら鋳鉄があります。

ねずみ鋳鉄は、黒鉛の形状によって、片状黒鉛鋳鉄と球状黒鉛鋳鉄に分類されます。溶融した鋳鉄にケイ素やカルシウムを添加すると、黒鉛が凝集して球状の黒鉛となるため、球状黒鉛鋳鉄にはこの処理が施されています。球状黒鉛鋳鉄は、ノジュラー鋳鉄やダクタイル鋳鉄とも呼ばれます。JIS規格では6種類のねずみ鋳鉄品の規定がありますが、化学成分については受渡当事者間の協定によるとされており、引張強さ、硬度の機械的性質についてのみ規定されています。

鋳鉄の欠点である脆さを改善し、じん性を高めた鋳鉄を可鍛鋳鉄と呼びます。白鋳鉄を熱処理し、表面を脱炭させた白心可鍛鋳鉄と、球状の黒鉛が分布する黒心可鍛鋳鉄があります。

鋳鉄は、切削加工性、耐摩耗性、耐熱性、振動吸収特性に優れています。そのため、鋳鉄は、その耐摩耗性を活かして機械の摺動部やマンホールの蓋に、耐熱性を活かして炉や防火扉、振動吸収能の高さから工作機械に使用されています(**図2**)。

また、鋳鉄にカラフルなガラス質のホーロー処理した鋳物ホーロー鍋は、ヘルシー志向の高まりから人気のある無水料理に役立っています。

要点BOX
- ●炭素を2～4.5%含有する鉄─炭素系合金
- ●キュポラと呼ばれるコークス燃焼炉
- ●片状と球状黒鉛鋳鉄は黒鉛形状の違い

図1　鋳鉄の分類

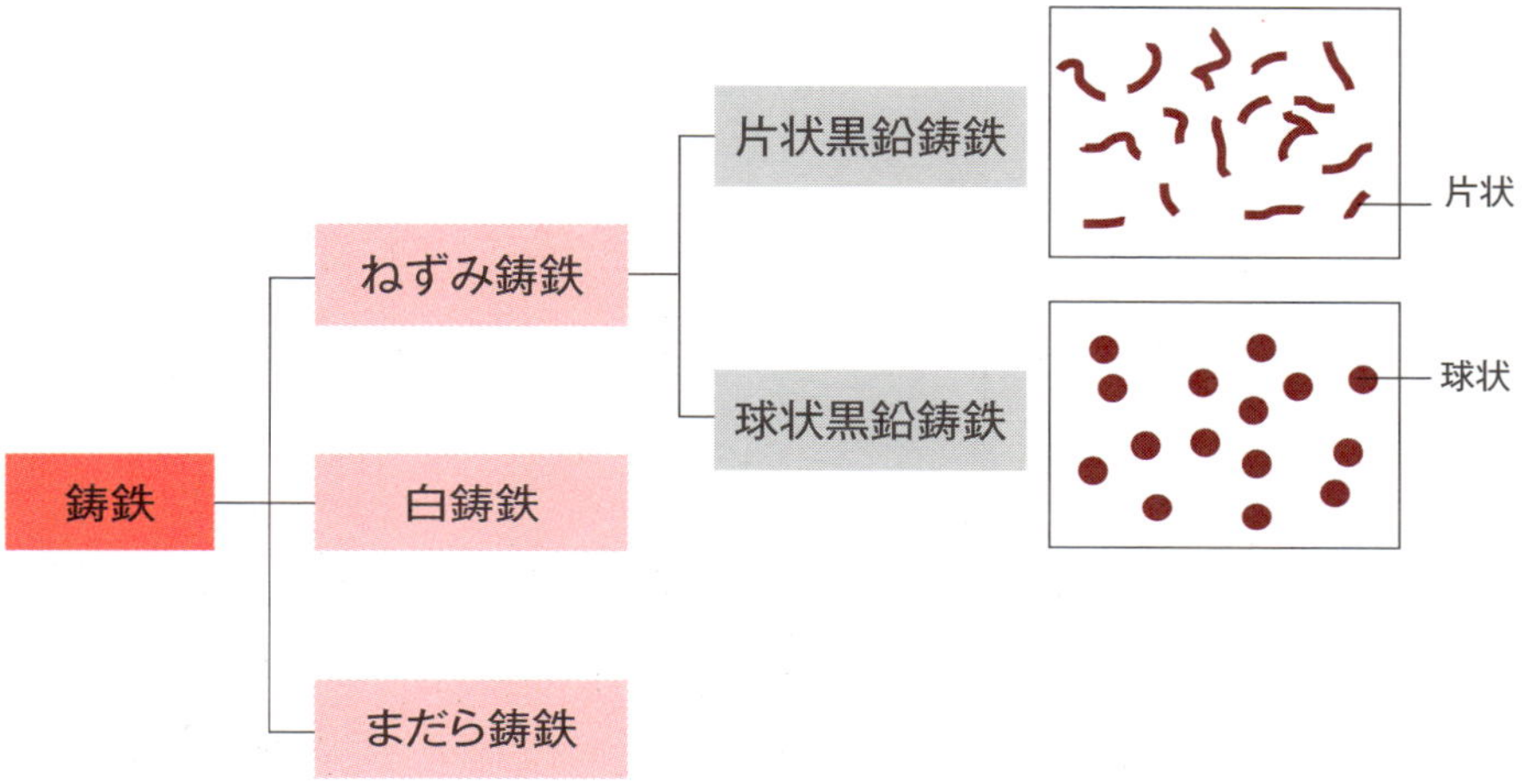

図2　鋳鉄の用途

Column

錆びない金属ステンレス鋼。実は錆びています!

鉄は、水と酸素のある環境に放置しておくと赤錆が発生します。赤錆は、鉄が水に接して分解した鉄イオンと、水が分解した水酸化イオンや酸素との反応によって発生します。鉄の赤錆の成分はFe_2O_3・H_2Oで、鉄の原料の鉄鉱石と同じ鉄の酸化物の1種です。

鉄は、自然界において鉄鉱石と呼ばれる安定した酸化物として存在しており、人間が鉄鉱石から単体の鉄成分を製錬して使用しています。鉄にとってみると、純鉄より元の酸化物の方が安定しているため、水と酸素が近くにあると純鉄から酸化物に変化しようとします。このように、純金属から元の鉱石の状態に戻ろうとする現象が錆発生のメカニズムです。

ステンレスは、錆びやすい金属の代表である鉄に、クロムやニッケルを添加した金属です。ステンレスが錆びないとされる特性には、特にクロムと密接な関係があります。ステンレスに含まれるクロムの鉱石はクロム鉄鉱と言われるクロムの酸化物です。ステンレスが錆びないとされているのは、添加されているクロムがつくるステンレス表面の酸化被膜と関係しています。ステンレスの表面には、クロムが元の姿に戻ろうとして発生したクロムの酸化物、いわゆるクロムの錆が発生しています(図)。

鉄の赤錆は厚くて脆いので手で触るとポロポロと壊れてしまいますが、クロムの錆は薄くてしっかりと素地に密着しており、その薄さは100万分の1㎜と言われています。ちなみに、もう1つの添加元素であるニッケルの役割はクロムの錆の密着性を向上させることです。

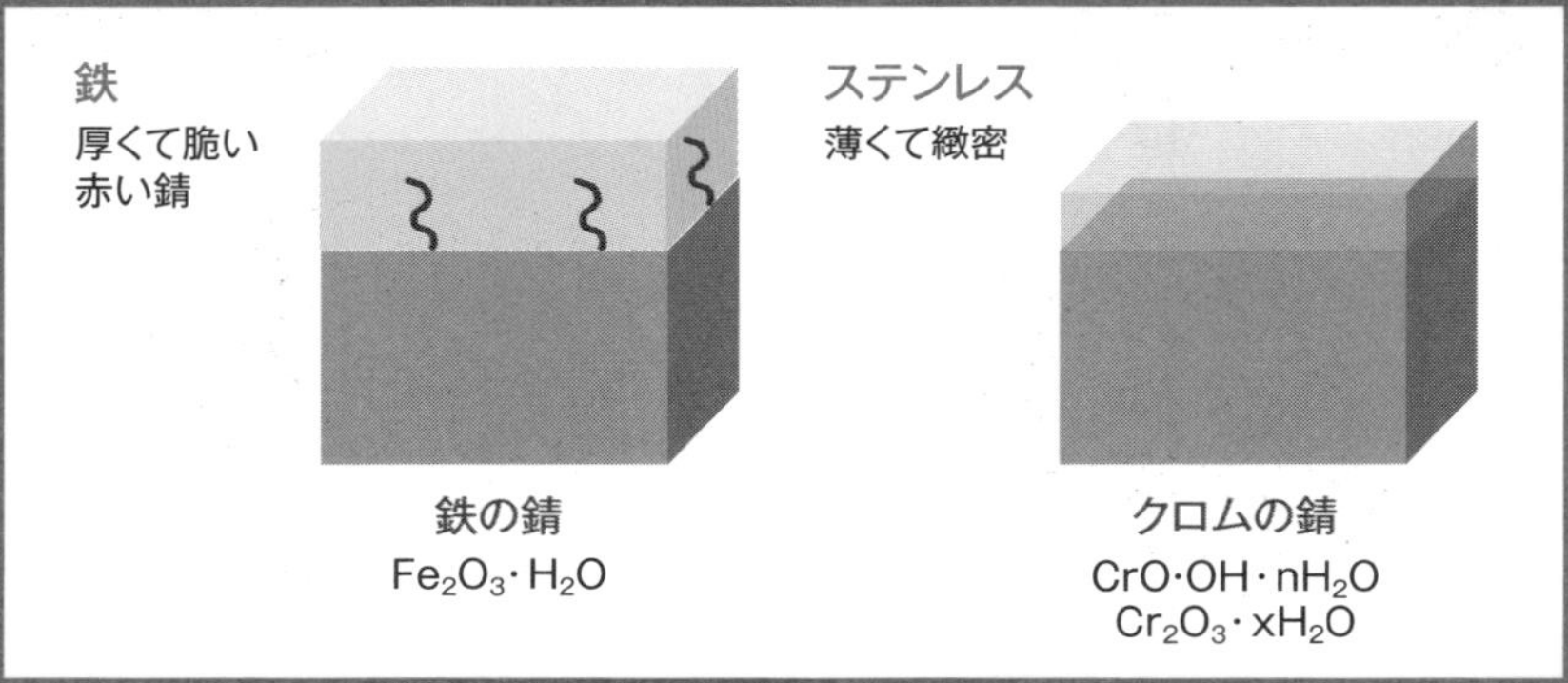

第3章

金属材料の種類
―非鉄金属―

14 鉄鋼以外の金属とその合金

非鉄金属とは、鉄を主成分とする鉄鋼以外の金属とその合金の総称で、英語では、鉄鋼のferrous metalに対して、非鉄金属をnon-ferrous metalと表現します。ビルの構造体や橋、自動車などに金属の中で鉄鋼が最も多く使用され、金や銅と同様、非鉄金属も人類との関わりに長い歴史があります。

非鉄金属は鉄鋼では得られない様々な優れた特徴を有しているものが多く、構造材料から機能材料まで用途は幅広いです。例えば、導電率と熱伝導度は銀が最も高く、その次は銅で、鉄の導電率の約5倍、鉄の熱伝導度の約6倍です。

輸送機器に用いる場合は、軽量性が重要です。密度の点では、アルミニウムは鉄の約3分の1、マグネシウムは鉄の約5分の1で、輸送機器の軽量化に貢献しています。比強度の点ではチタンが最も高く、鉄の約2倍です。金と銅が有色な金属であることも、銀白色の色調を有する鉄にはない特徴の1つです。

そのため、金や銅およびこれらの合金は、意匠性が求められる製品に使用されます。

融点の違いは物づくりのしやすさにも影響します。鉄の融点1536℃に対して亜鉛は420℃と低いため、樹脂の射出成形と同様のダイカスト成形が行われています。一方、タングステンの融点は3653℃と高いので、耐熱性が求められる用途に使用されます。

非鉄金属のもう1つの役割として鉄鋼の特性向上が挙げられます。鉄鋼への非鉄金属の微量添加、いわゆる脇役として、鉄鋼の加工性や耐食性などの特性を向上させます(**表1**)。

地表から深さ約16kmまでの地殻に存在する元素の量を重量100分率で示した数をクラーク数と呼びます(**表2**)。一番高い元素は酸素の49・5%、ケイ素の25・8%、アルミニウムの7・56%、鉄の4・70%と続きます。銅は0・01%で、地殻に存在する割合は非常にわずかです。

要点BOX

- ●人類との関わりに歴史が深い金属
- ●構造材料から機能材料に至るまで幅広い用途
- ●鉄鋼の特性向上

表1　鉄鋼の特性向上

添加元素名	元素記号	特性向上
クロム	Cr	焼入れ性、高温強度
ニッケル	Ni	延性、高温強度、耐食性
モリブデン	Mo	高温強度、延性、焼入れ性
マンガン	Mn	焼入れ性、硬さ、衝撃強度
タングステン	W	高温強度、硬さ
バナジウム	V	高温強度、硬さ
コバルト	Co	延性、高温強度、耐食性
ニオブ	Nb	硬さ、高温強度
タンタル	Ta	硬さ、高温強度

表2　主な元素のクラーク数

元素名	元素記号	クラーク数（%）
酸素	O	49.5
ケイ素	Si	25.8
アルミニウム	Al	7.56
鉄	Fe	4.70
カルシウム	Ca	3.39
ナトリウム	Na	2.63
カリウム	K	2.40
マグネシウム	Mg	1.93
水素	H	0.87
チタン	Ti	0.46
塩素	Cl	0.19
マンガン	Mn	0.09
⋮	⋮	⋮
ニッケル	Ni	0.01
銅	Cu	0.01

元素名	元素記号	クラーク数（%）
⋮	⋮	⋮
錫	Sn	4×10^{-3}
亜鉛	Zn	4×10^{-3}
鉛	Pb	1.5×10^{-3}
モリブデン	Mo	1.3×10^{-3}
⋮	⋮	⋮
銀	Ag	1×10^{-5}
⋮	⋮	⋮
白金	Pt	5×10^{-7}
金	Au	5×10^{-7}

用語解説

密度：単位体積当たりの重量
比強度：密度当たりの引張強度

15 人類が最初に手にした非鉄金属の代表

銅および銅合金

銅（表）は、人類が最初に手にした金属と言われており、非鉄金属を代表する金属の1つで、その生産量は年々増加傾向にあります。例えば、2016年における世界の銅地金生産量は2330万tでした。

銅は、銀に次いで導電率、熱伝導度が高いことから、電線や電子・電気機器の配線部材などの導電部品や、各種の熱交換器機に使用されます。また、銅は金と同様に色調を有する数少ない金属であり、また他元素との合金化によってその色調が変化することから、アクセサリーなどの意匠性が求められる製品にも使用されています。

銅および銅合金を大別すると、板、条、管、棒、線などの伸銅品と呼ばれる塑性加工可能な展伸性のある展伸材と、溶けた金属を鋳型で凝固させて使用する鋳物に分けることができます（図1、2）。

黄銅は銅に亜鉛を添加したCu-Zn合金で、銅合金の中で最も使用量が多い銅合金種です。黄銅は真《しん》鍮《ちゅう》とも呼ばれ、冷間加工性が優れるため、塑性加工による形状付与と加工硬化によって強度が得られます。そのため、様々な分野で用いられています。

電子・電気機器の小型化により、コネクターをはじめとする配線部材には導電性と強度が必要とされます。電子・電気機器の配線部材には、Cu-Sn合金に微量のリンを添加したリン青銅や、析出硬化型銅合金のコルソン合金と呼ばれるCu-Ni-Si合金やベリリウム銅と呼ばれるCu-Be合金などが用いられています。

銅は鉄やアルミニウムなどの他の金属への添加元素として、特性向上にも役立っています。例えば、ステンレス鋼への添加によって冷間加工性を、アルミニウムへの添加によって強度を向上させます。このように、銅は、主役の銅および銅合金と、脇役の添加元素の二役で活躍しています。

要点BOX
- ●生産量は年々増加傾向
- ●導電率、熱伝導度が高い
- ●金と同様に色調を有する数少ない金属

表　銅

元素記号	Cu
融点（℃）	1083
密度（g/cm^3）	8.89
電気抵抗率（$10^{-2}\mu\Omega m$）	1.7
熱伝導度（W/（mK））	397

図1　銅および銅合金の分類

銅および銅合金

- 展伸材
  板、条、管、棒、線などの塑性加工可能な伸銅品
- 鋳物
  溶けた金属を鋳型で凝固させて使用

図2　伸銅品の合金番号

C ＿ ＿ ＿ ＿

C：銅合金を表す材料記号

後ろの3桁：CDA合金番号に準ずる

番号	合金系
1	Cu、高Cu系合金
2	Cu-Zn系合金
3	Cu-Zn-Pb系合金
4	Cu-Zn-Sn系合金
5	Cu-Sn系合金、Cu-Sn-Pb系合金
6	Cu-Al系合金、Cu-Si系合金、特殊Cu-Zn系合金
7	Cu-Ni系合金、Cu-Ni-Zn系合金

16 銅と同様に代表的な非鉄金属の1つ

アルミニウムおよびアルミニウム合金

アルミニウム（表）は、銅と同様に代表的な非鉄金属の1つで、その生産量は非鉄金属の中で最も多いです。例えば、2016年における世界のアルミニウム地金の生産量は約5750万tで、同年の銅地金生産量の約2330万tの約2倍です。アルミニウムのクラーク数は7・56％で、ケイ素に次いで地殻中2番目に多く存在する金属です（14項）。

アルミニウムおよびその合金の用途は自動車、鉄道車両、電線、熱交換機、建築材などです。アルミニウムの熱伝導度は、工業材料の中で銅に次ぐ優れた特性を有していることから、各種の熱交換器機や放熱フィン、ヒートシンクに使用されています。

また、アルミニウムの単位体積当たりの重量である密度が2.70g/cm^{3}と鉄の3分の1と小さいため、軽量性が求められる航空機や自動車などの輸送機器の構造部材に使用されています。自動車のラジエーターは、以前は銅でできていましたが、今では自動車の軽量化への対応からアルミニウム合金製となっています。その他に、各種食品の容器や飲料缶、鍋、フライパンにも使用されています。

アルミニウム合金を大別すると、図1の通りです。塑性加工可能な展伸性のある展伸材と、溶けた金属を鋳型で凝固させて使用する鋳物に分けることができ、それぞれ熱処理型と非熱処理型に分けられます。

アルミニウム合金展伸材の規格記号は、最初のアルファベットAはアルミニウム合金、2番目の数値は合金種別、3番目の数値は純度、4番目の2桁数値は化学成分番号、ハイフンに続く英数字は質別記号をそれぞれ示しています（図2）。具体的には、①基本記号②硬質化記号③熱処理記号からなります。

アルミニウム合金の代表であるジュラルミンは、今から約100年以上前の1906年にドイツ人のWilmが見出した高強度アルミニウム合金で、現在の2000系合金のA2017合金が該当します。

要点BOX

- ●生産量は非鉄金属の中で最も多い
- ●ケイ素に次いで地殻中2番目に多く存在
- ●密度は鉄の3分の1

表　アルミニウム

元素記号	Al
融点（℃）	660
密度（g/cm^3）	2.70
電気抵抗率（$10^{-2}\mu\Omega m$）	2.7
熱伝導度（W/（mK））	238

図1　アルミニウム合金の分類

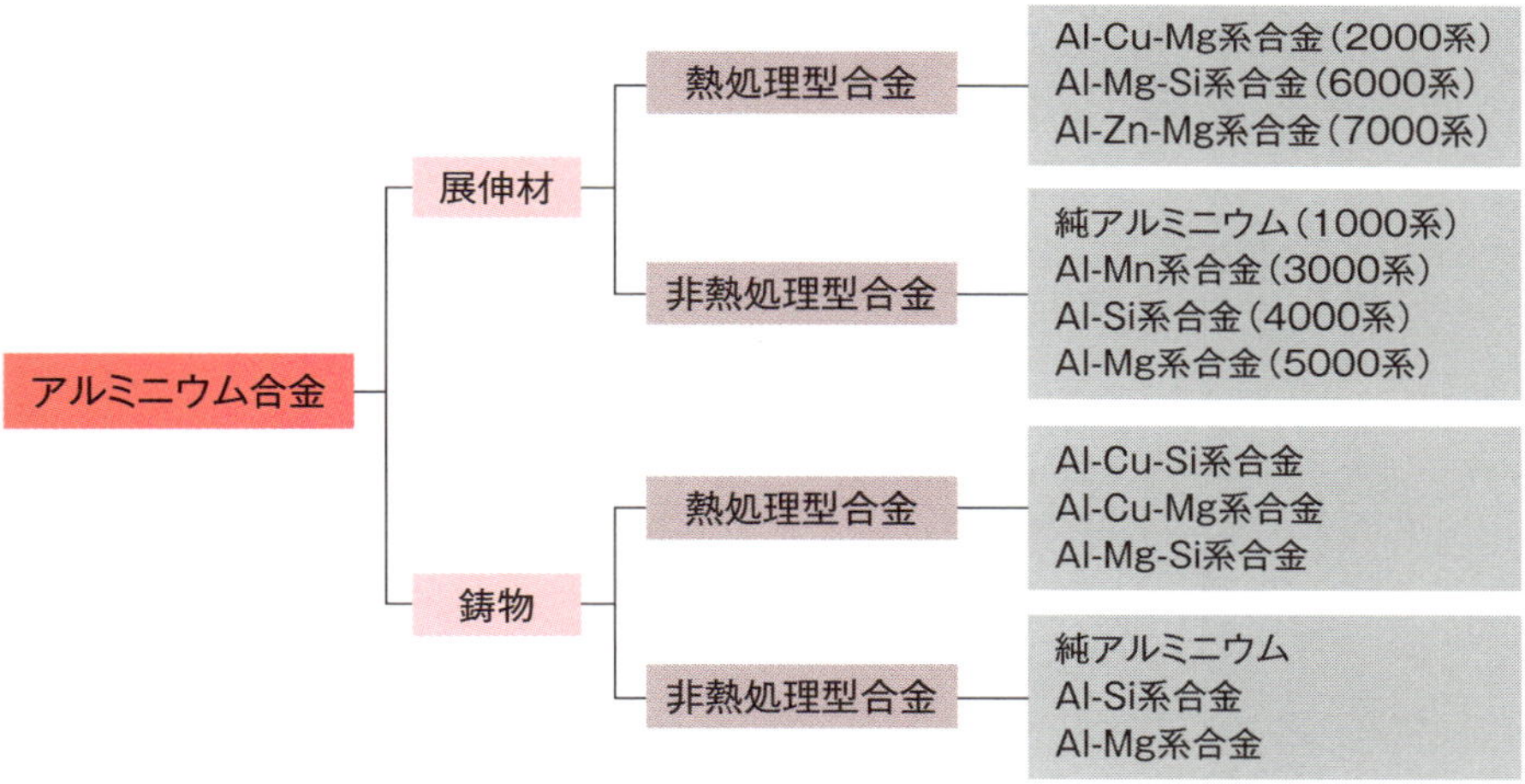

図2　展伸アルミニウム合金の材質別記号

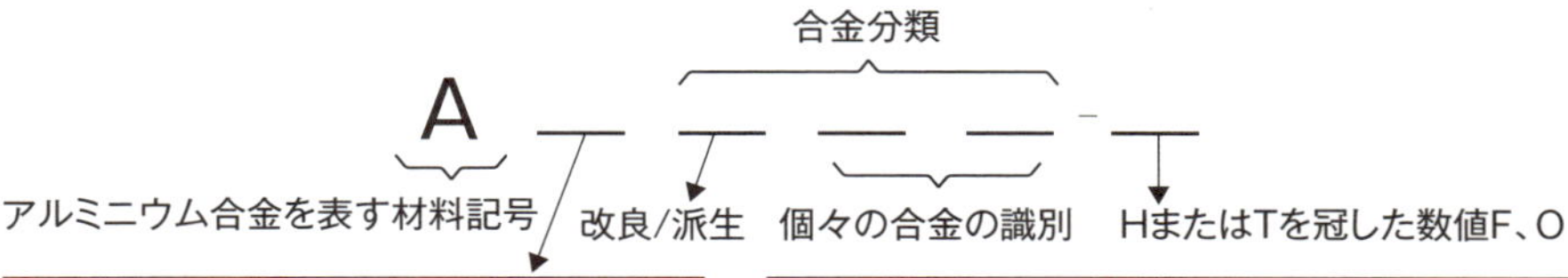

番号	合金系
1	純アルミニウム
2	Al-Cu-Mg系合金
3	Al-Mn系合金
4	Al-Si系合金
5	Al-Mg系合金
6	Al-Mg-Si系合金
7	Al-Zn-Mg系合金

質別記号	意味
F	特に調質の指定がなく、製造された状態
O	焼鈍により完全に再結晶した状態
H	HX（X=1～3）、HXY（Y=1～9）で表される、加工硬化と軟化熱処理を組み合わせた状態
T	TX（X=1～10）、TXY（Y:1つ以上の数字）で表される、溶体化処理、時効硬化処理、冷間加工を組み合わせた状態

17 構造用金属材料の中で最も軽量な金属

マグネシウムおよびマグネシウム合金

マグネシウム（表1）の密度は1.74 g/cm^{3}と鉄の約5分の1、アルミニウムの約3分の2で、マグネシウムは構造用金属材料の中で最も軽量な金属です。

マグネシウムのクラーク数は1・93％で、地殻中7番目に多く存在する金属です。世界のマグネシウム生産量は、2008年約72万t、2017年約110万tと年々増加傾向にあり、その約85％強が中国で生産されており、コスト優位性から中国への依存度が高いです。

マグネシウムおよびその合金の用途を図に示します。具体的には、純マグネシウムを用いたアルミニウム合金への添加元素、ジルコニウム製造時の還元剤、鉄鋼製造時の脱硫剤、構造用金属材料としてのマグネシウム合金です。

マグネシウム合金は、その軽量性から自動車やポータブル電子機器などの軽量化の要求が求められる製品に使用されています。マグネシウム合金を大別すると、展伸材と鋳物に分けられます（表2）。マグネシウムに添加される元素は、機械的性質を向上させるアルミニウム、亜鉛、マンガン、ジルコニウム、耐熱性を向上させる希土類元素などです。

マグネシウムの結晶構造は最密六方構造であるため、銅やアルミニウムの面心立方構造よりすべり系が少ないので、マグネシウムは室温での塑性加工性が乏しいです。約300℃においては延性が急激に増加するので、温間プレスによってパソコン筐体が成形されています。また、構造材向けとしてマグネシウムの熱間押出成形が行われています。

最近では、新幹線車両と同一断面サイズの高速鉄道車両部分構体の試作も進められています。その一方で、マグネシウム合金の課題はその耐食性と言えます。

要点BOX
- ●全生産量の約85％強が中国で生産
- ●軽量化の要求が求められる製品に使用
- ●室温での塑性加工性が乏しい

表1　マグネシウム

元素記号	Mg
融点(℃)	650
密度(g/cm^3)	1.74
電気抵抗率($10^{-2}\mu\Omega$m)	4.2
熱伝導度(W/(mK))	156

図　マグネシウムの用途

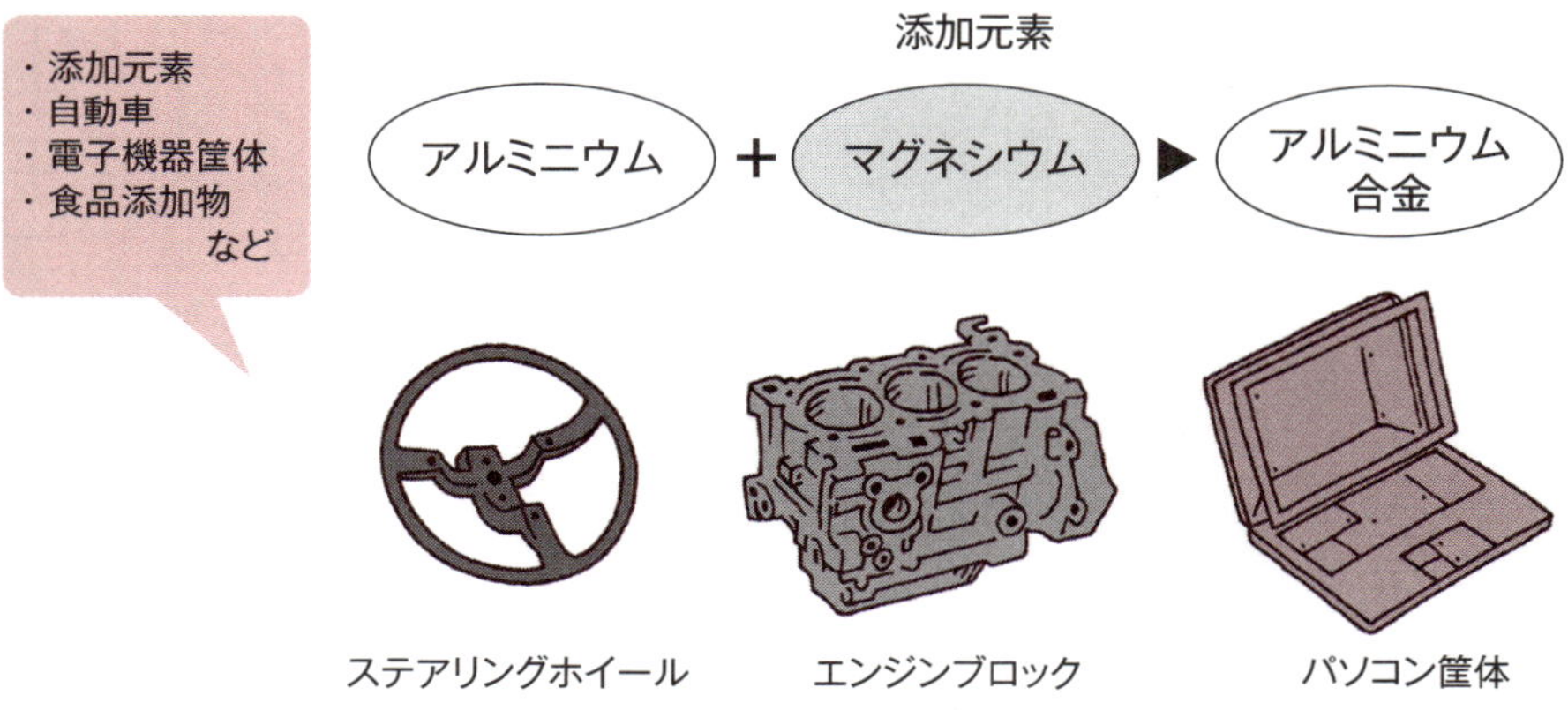
・添加元素
・自動車
・電子機器筐体
・食品添加物
など
添加元素
アルミニウム
＋
マグネシウム
アルミニウム合金
ステアリングホイール
エンジンブロック
パソコン筐体

表2　マグネシウム合金

		合金組成(重量%)									
		マグネシウム(Mg)	アルミニウム(Al)	マンガン(Mn)	亜鉛(Zn)	カルシウム(Ca)	ケイ素(Si)	銅(Cu)	ニッケル(Ni)	鉄(Fe)	その他
展伸材	MP-AZ31B	残	2.4~3.6	0.15~1	0.5~1.5	~0.04	~0.10	~0.05	~0.005	~0.005	~0.30
	MP-AZ61	残	5.5~6.5	0.15~0.4	0.5~1.5	—	~0.10	~0.05	~0.005	~0.005	~0.30
	MP-AZ21	残	1.5~2.4	0.05~0.6	0.5~1.5	—	~0.10	~0.10	~0.005	~0.01	~0.30
鋳物	MC2C	残	8.1~9.3	0.13~0.35	0.4~1	—	~0.30	~0.10	~0.10	~0.30	~0.05
	MC2E	残	8.1~9.3	0.17~0.35	0.4~1	—	~0.20	~0.015	~0.001	~0.005	~0.01
	MC5	残	9.3~10.7	0.1~0.35	~0.30	—	~0.30	~0.1	~0.01	—	~0.01

18 ギリシャ神話にちなんで名付けられた金属

チタンおよびチタン合金

ギリシャ神話の巨人タイタンにちなんで名付けられたチタン（**表1**）は、実用化されて間もない非鉄金属です。実際にチタンが工業的に実用化され始めたのは、1940年にW. Krollによって四塩化チタンを不活性ガス雰囲気でマグネシウムによって還元して溶解原料のスポンジチタンを得るKroll法が発明された後の1947年頃からです。

チタンの密度は4.54 g/cm^{3}で、鉄とアルミニウムの中間で、軽金属に分類されます。チタンのクラーク数は0・46%です。世界のスポンジチタン生産量は、2016年約19万4000t、2017年約19万6000tと、航空機向けの需要が好調であったことから、2011年から2013年のスポンジチタン生産量20万tレベルに近付いています。

チタンは、その軽量性と耐熱性、耐食性の特性を活かした分野で使用されています（**図**）。軽量性と耐熱性の求められる用途として、航空・宇宙分野の機体部品やエンジン部品に用いられており、中型ジェット旅客機のボーイング787型機では、機体重量の約15%にチタン合金が使われています。**表2**に主なチタン合金を示します。航空機に使用される代表的なチタン合金はTi-6%Al-4%V合金です。

チタンは空気中で表面が強固で安定な不動態皮膜と呼ばれる酸化物で覆われるため、耐食性に優れています。具体的には、硝酸や海水などに優れた耐食性を有しているので、化学プラント部品や熱交換機に使用されます。その他に、チタンの特殊用途として、その耐食性と軽量性から、浅草寺の瓦や東京ビッグサイトの屋根材にも使用されています。

なお、銀色にキラキラと反射するような屋根瓦では神社・仏閣の屋根として相応しくありません。そこで、日本瓦の風合いを持った、アルミナブラスト処理によって光沢を抑えた表面処理仕上げのチタンが開発されました。

要点BOX
- 1947年頃から工業的に実用化
- 軽金属に分類
- 軽量性、耐熱性、耐食性

表1　チタン

元素記号	Ti
融点(℃)	1668
密度(g/cm^3)	4.54
電気抵抗率(10^{-2}μΩm)	54
熱伝導度(W/(mK))	21.6

図　チタンの用途

- 顔料・塗料
- 耐熱合金
- 建築材料
- スポーツ用具
- 生体材料

など

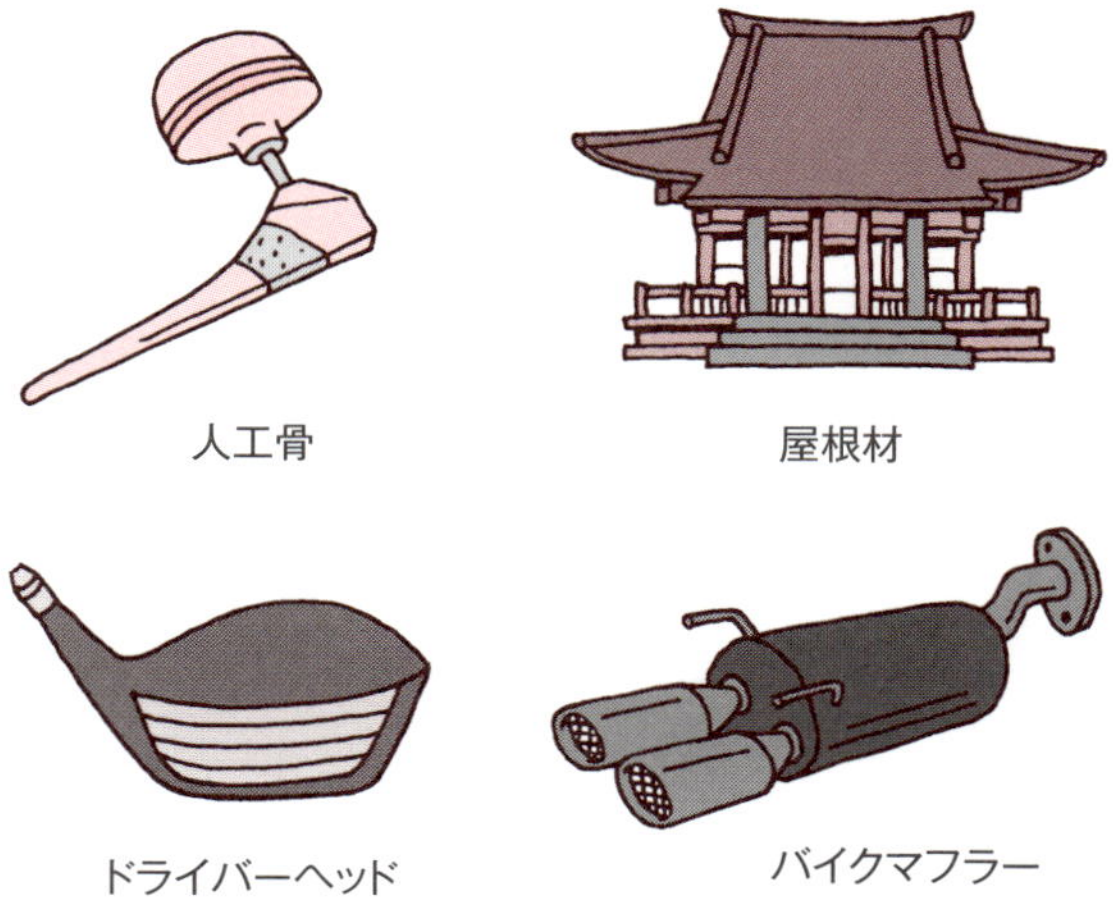

人工骨
屋根材
ドライバーヘッド
バイクマフラー

表2　チタン合金

合金種	合金組成(重量%)								
	チタン(Ti)	アルミニウム(Al)	バナジウム(V)	錫(Sn)	銅(Cu)	鉄(Fe)	酸素(O)	窒素(N)	炭素(C)
Ti-3Al-2.5V	残	2.5〜3.5	2.0〜3.0	—	—	≦0.25	≦0.15	≦0.03	≦0.08
Ti-6Al-4V	残	5.5〜6.75	3.5〜4.5	—	—	≦0.40	≦0.20	≦0.05	≦0.08
Ti-6Al-6V-2Sn	残	5.0〜6.0	5.0〜6.0	1.5〜2.5	0.35〜1.0	0.35〜1.0	≦0.20	≦0.04	≦0.05

19 ステンレス鋼の開発以降、需要増大する金属

ニッケルおよびニッケル合金

ニッケル（**表1**）は、ドイツ語の「悪魔の銅」という言葉のKupfernickelに由来して名付けられました。これは、赤褐色の銅鉱石と間違えてニッケル鉱石を用いて銅の精錬に失敗したことによると言われています。ニッケルのクラーク数は0・001％と、銅と同じレベルです。ニッケルは、19世紀頃から、ニッケルめっきや、洋白と呼ばれるCu-Zn-Ni合金として食器や貨幣に使用されてきました。20世紀初めにステンレス鋼が開発されて以降、その産業の発展と共にニッケル需要が増大しています。

フェロニッケル、酸化ニッケルおよびその他の化合物、ニッケル地金のことを一次ニッケルと呼びます。一次ニッケルの世界における生産量は、2016年は約198万t、2017年は約208万tと、2017年に初めて200万tを超えました。

図にニッケルの用途を示します。ニッケルの用途の約70％は、ステンレス鋼と呼ばれるFe-Ni-Cr合金への添加材で、フェロニッケルが用いられます。ニッケル地金は、ガスタービンや化学工場などの耐熱性や耐食性が要求されるニッケル基合金に用いられます。**表2**に主なニッケル基合金を示します。

一方、ニッケルはアレルギーを起こしやすい金属としても知られています。そのためヨーロッパでは「明らかにニッケルを含んだ商品の販売に対する禁止法令」が制定され、1992年にはECの統一令として販売禁止令が施行されました。また、日本では社団法人日本ジュエリー協会が、ピアッシングアッセンブリーにはニッケル含有金属を用いないことの周知を図っています。

また、ヨーロッパで使用されているユーロ硬貨は、高度な不正防止技術が用いられている高価な1ユーロ硬貨および2ユーロ硬貨以外は、ニッケルアレルギー対策としてニッケルを含まないノルディックゴールドと呼ばれる金属を使用しています。

要点BOX

- 「悪魔の銅」という言葉に由来
- 耐熱性や耐食性が要求されるニッケル基合金
- アレルギーを起こしやすい金属

表1　ニッケル

元素記号	Ni
融点（℃）	1455
密度（g/cm^3）	8.9
電気抵抗率（$10^{-2}\mu\Omega m$）	6.9
熱伝導度（W/（mK））	89

図　ニッケルの用途

表2　ニッケル基合金

合金名	合金組成（重量%）				
	ニッケル（Ni）	モリブデン（Mo）	クロム（Cr）	鉄（Fe）	その他
ハステロイA	53	22	—	22	Si:1、Mn:2
ハステロイB	51	32	—	6	Si:1、Mn:1
ハステロイC	51	19	17	6	Si:1、Mn:1、W:5
ハステロイN	70	17	7	5	—
インコネル	76	—	15.5	7.5	—

20 単体金属として確認が遅れた金属

亜鉛および亜鉛合金

亜鉛（表1）は、単体の金属としての存在が確認されたのが18世紀と遅れましたが、その利用は古くから始まっていました。例えば、紀元前後のローマ人によって、銅と亜鉛鉱石を溶解するとカラミンブラスと呼ばれる深黄色の合金、即ち、現在の黄銅と呼ばれるCu-Zn合金が発見されたと言われています。

亜鉛が単体の金属として確認されるのが遅れた理由は、酸化亜鉛の還元時の温度1100℃に対して、亜鉛の沸点が907℃と還元温度に近いため、還元された亜鉛が蒸気となって飛散しやすかったことが原因とされています。

亜鉛のクラーク数は、0・008%です。世界の亜鉛生産量は、2008年約1180万t、2017年約1320万tとなっています。

亜鉛およびその合金の用途を図に示します。亜鉛の最大の用途は、鉄鋼の防食用の亜鉛めっきです。これは、亜鉛は鉄に対する犠牲防食作用が強いことが理由です。鉄鋼板に亜鉛めっきを施したものをトタンと呼び、家屋の屋根や外壁に使用されています。また、鉄やアルミニウム、銅より融点が低いことから、亜鉛はダイカスト用亜鉛合金として利用され、自動車や家電製品などの各種部品、玩具、日用品に用いられています。

表2にダイカスト用亜鉛合金を示します。代表的なダイカスト用亜鉛合金にはZDC1とZDC2の2種類があり、いずれも亜鉛に3・5～4・3%のアルミニウムと0・02～0・06%のマグネシウムを添加した亜鉛合金がベースとなっています。ZDC1は更に銅が0・75～1・25%添加されています。アルミニウムは強度、流動性を向上させる効果、マグネシウムは耐食性を向上させる効果、銅は強度と耐食性を向上させる効果があります。一方、鉛やカドミウム、錫によって耐食性が著しく低下するので、これら不純物元素の含有量が厳しく規定されています。

要点BOX
- ●最大用途は鉄鋼の防食用めっき
- ●代表的な亜鉛合金はZDC1とZDC2

表1　亜鉛

元素記号	Zn
融点（℃）	420
密度（g/cm^3）	7.13
電気抵抗率（$10^{-2}\mu\Omega m$）	6.0
熱伝導度（W/（mK））	120

図　亜鉛の用途

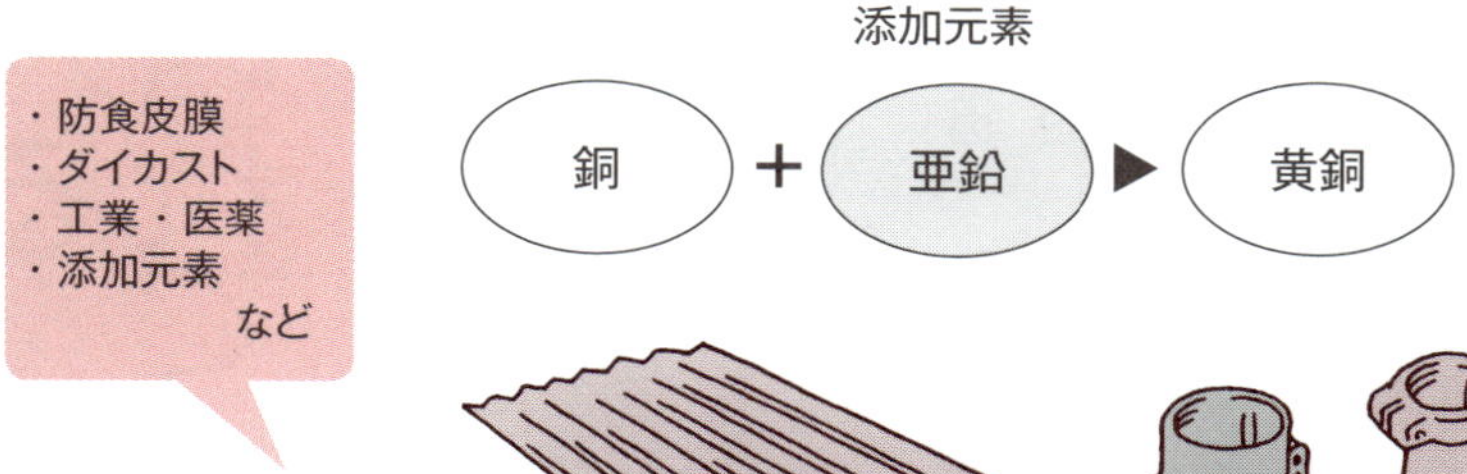

・防食皮膜
・ダイカスト
・工業・医薬
・添加元素
など
添加元素
銅
亜鉛
黄銅

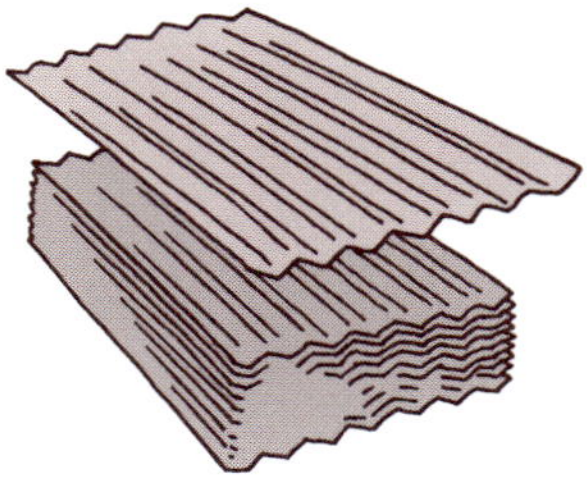

亜鉛めっき鋼板

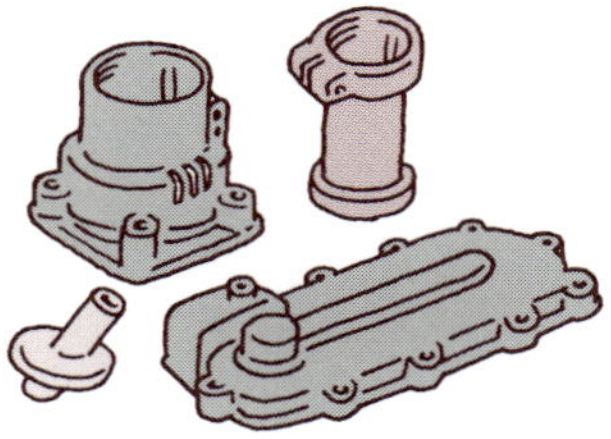

亜鉛ダイカスト製品

表2　ダイカスト用亜鉛合金

記号	合金組成（重量%）							
	アルミニウム（Al）	銅（Cu）	マグネシウム（Mg）	亜鉛（Zn）	鉛（Pb）	鉄（Fe）	カドミウム（Cd）	錫（Sn）
ZDC1	3.5〜4.3	0.75〜1.25	0.02〜0.06	残部	<0.005	<0.1	<0.004	<0.003
ZDC2	3.5〜4.3	<0.25	0.02〜0.06	残部				

21 銅に添加される古代より知られている金属

錫および錫合金

銅鉱石から銅を製錬し始めた紀元前4000年末頃から、銅に錫を添加した青銅も利用され始めたと言われています。錫（**表1**）は古代より知られている金属です。錫は青みのある銀白色の色調を有する展延性のある金属で、そのクラーク数は0・004％です。世界の錫地金生産量は、2008年約34万t、2017年約36万tとなっています。

図に、錫合金の用途を示します。錫と鉛の合金のSn-Pb共晶合金は、はんだとして電子・電気部品産業で活用され、2006年頃以降のEUにおける環境規制後も、Sn-Ag-Cu系やSn-Zn系、Sn-Cu系などの鉛フリーはんだとして錫が使用されています。また、錫を鋼板にめっきしたブリキは、食缶や飲料缶などの容器に利用されています。Sn-Pb合金はパイプオルガンのパイプにも使用されており、オルガンメタルと呼ばれています。音色は錫と鉛の割合によって異なり、錫と鉛の割合が52：48は柔らかい音、70：30はよく響く音と言われています。

更には、銅に錫と少量のリンを加えたCu-Sn-P合金のリン青銅は、優れた強度とばね性を有することから、ICリードフレームや電子機器に使用されるばねに用いられています。

上述のはんだ以外の錫合金として、すべり軸受の合金として使用されるホワイトメタルと易融合金があります。**表2**にそれらの合金を示します。ホワイトメタルは、潤滑性能に優れる軸受合金として知られています。易融合金は、低融点合金とも呼ばれ、錫より低い温度で溶解する合金の総称です。

その他に、電子部品用めっきや塩ビ安定剤などの化成品、ITO（Indium Tin Oxide）の透明電極、フローガラスの製造に使用されています。また、錫にアンチモンと銅を添加したSn-7％Sb-2％Cu合金はピューター、あるいはブリタニアメタルと呼ばれ、工芸品や装飾品に用いられています。

要点BOX
- ●青みのある銀白色の色調
- ●鉛フリーはんだとして使用
- ●錫を鋼板にめっきしたブリキ

表1　錫

元素記号	Sn
融点（℃）	232
密度（g/cm³）	5.8
電気抵抗率（$10^{-2}\mu\Omega m$）	12.6
熱伝導度（W/（mK））	73.2

図　錫の用途

・はんだ
・化成品
・ブリキ
・バッテリー
など
はんだ
はんだ
ピューターマグカップ
ブリキのバケツ
パイプオルガンのパイプ

表2　錫合金

種類		合金組成（重量%）										用途
		錫(Sn)	アンチモン(Sb)	銅(Cu)	亜鉛(Zn)	鉛(Pb)	カドミウム(Cd)	ビスマス(Bi)	アルミニウム(Al)	鉄(Fe)	ヒ素(As)	
ホワイトメタル	1種	残	5~7	3~5	~0.01	~0.5	—	~0.08	~0.01	~0.08	~0.1	高速高荷重軸受用
	2種	残	8~10	5~6	~0.01	~0.5	—	~0.08	~0.01	~0.08	~0.1	
	3種	残	11~12	4~5	~0.01	~3	—	~0.08	~0.01	~0.1	~0.1	高速中荷重軸受用
	4種	残	11~13	3~5	~0.1	13~15	—	~0.08	~0.1	~0.1	~0.1	中速中荷重軸受用
	5種	残	—	2~3	28~29	—	—	—	~0.05	~0.1	—	
易融合金	ウッド合金	12.5	—	—	—	25.0	12.5	50.0	—			—
	ローズ合金	22.0	—	—	—	28.0	—	50.0	—			—
	ニュートン合金	19.0	—	—	—	31.0	—	50.0	—			—

22 化学的に安定で資源的に貴重な金属

貴金属

貴金属とは、「化学的な安定性が高く、イオンにかい離し難く、高価で資源的に貴重なもの」と定義されています。この条件を満たすのは金、銀と、白金族金属の白金、パラジウム、ロジウム、イリジウム、ルテニウム、オスミウムの8種類です。これらの元素は、1項に示した周期表の中央の5から6周期、8から11族に位置します。それぞれの特性を表1に示します。

貴金属というと、変わらぬ美しさから富の象徴としての財宝や装飾品、美術工芸品をイメージする場合が多いようです。実際、金、銀、白金は宝飾用主材料として、パラジウム、イリジウム、ルテニウムは宝飾用主材料への添加元素として、ロジウムは高級宝飾品用のめっきにそれぞれ用いられています。

現代の婚約指輪や結婚指輪の95%以上に使用されている白金は、その融点が金や銀と比べて著しく高いため、装飾品に広く使われ始めたのは20世紀以降だったようです。

その一方で、貴金属は、それぞれが持つ特性から様々な工業分野にも使用されています。表2に、それぞれの用途について示します。

金は、変色せずに導電率が高く、加工性に優れていますので、電子機器の電気接点用材料に用いられています。銀は、需要のうち産業用途は約50%を超えると言われています。導電率と熱伝導度が最も優れていますので、導電材料や接点材料に多用されています。

白金、パラジウム、ロジウムは、自動車の排ガスを浄化する触媒に使われています。イリジウムは、自動車用スパークプラグや単結晶製造用のるつぼなどの用途で使われています。ルテニウムは、垂直磁気記録方式のハードディスクの材料に使用されています。オスミウムは、万年筆のペン先端に使用されています。

要点BOX
- 宝飾用主材料とそれへの添加元素
- 様々な工業分野にも使用

表1　貴金属の特性

元素名	金	銀	白金	パラジウム	ロジウム	イリジウム	ルテニウム	オスミウム
元素記号	Au	Ag	Pt	Pd	Rh	Ir	Ru	Os
融点（℃）	1064	962	1768	1555	1963	2466	2234	3033
密度（g/cm^3）	19.3	10.5	21.5	12.0	12.4	22.6	12.5	22.6
電気抵抗率（$10^{-2}\mu\Omega m$）	2.2	1.6	10.6	10.8	4.7	5.1	7.7	8.8
熱伝導度（W/（mK））	316	425	73	75	148	147	116	87

表2　貴金属の用途

元素名	金	銀	白金	パラジウム	ロジウム	イリジウム	ルテニウム	オスミウム
元素記号	Au	Ag	Pt	Pd	Rh	Ir	Ru	Os
用途	宝飾品 金地金 公的需要 電子工業 コイン 歯科、医療	電気・電子 宝飾品 コイン 銀地金 銀器 ろう材	自動車触媒 宝飾品 化学 エレクトロニクス	自動車触媒 エレクトロニクス 宝飾品 歯科	自動車触媒 化学 ガラス	電極	エレクトロニクス	触媒

貴金属はアクセサリーなどの装飾品のイメージが強かったです
工業製品にも使われるよ。金属の特性を理解すると、適した用途が見えてくるのさ

23 銅と共に人類が早くから手にした金属

金および金合金

金は、銅と共に、人類が早くから手にした金属と言われており、人類との関わりが深いです。金は、自然金としてほぼ純金に近い組成で天然に産出することから、古代の人々にとっては比較的見つけやすい存在であったことは間違いないでしょう。

また、金は金属の中で化学的に最も安定した金属で、一部の腐食環境を除いて、永久的に錆びず、光沢を失うことはありません。そのため、黄金色に光り輝く金は、古代から富と権力を象徴する金属でした。金の世界の生産量は、2008年約2500t、2017年約3250tと、過去10年において伸びは鈍化し、ほぼ横ばい状態です。

現在の世界全体での主要用途は、宝飾品が最も多く、次に投資商品、工業製品用の順で用いられています(**図**)。金は、錆びずに光沢を失うことなく黄金色が維持され、また延性に優れ加工できるため、古くから宝飾品に使用されてきました。また、世界共通の価値があり、火災などで価値を失うことがないので、安全な現物資産として国や個人に扱われています。

純金はやわらかく、そのままでは傷が付きやすいため、他の金属を添加した金合金が用いられています。金の割合を示す記号としてK(カラット)が用いられています。純金100%はK24、金75%はK18、金50%はK12となります。また、金は高い導電率、熱伝導度を持ち化学的に安定していて酸化し難いため、電子・電気部品の電気接点用材料やめっき皮膜に用いられています。

金は銅と同様に色調を有する金属なので、金合金の色調は、銀と銅の割合を変化させることにより、銀白色から赤銅色の範囲で変化させることが可能です。表に電気接点に用いられる金合金を示します。

要点BOX
- ●金属の中で化学的に最も安定した金属
- ●用途は宝飾品が最も多い
- ●銅と同様に色調を有する金属

図　金の用途

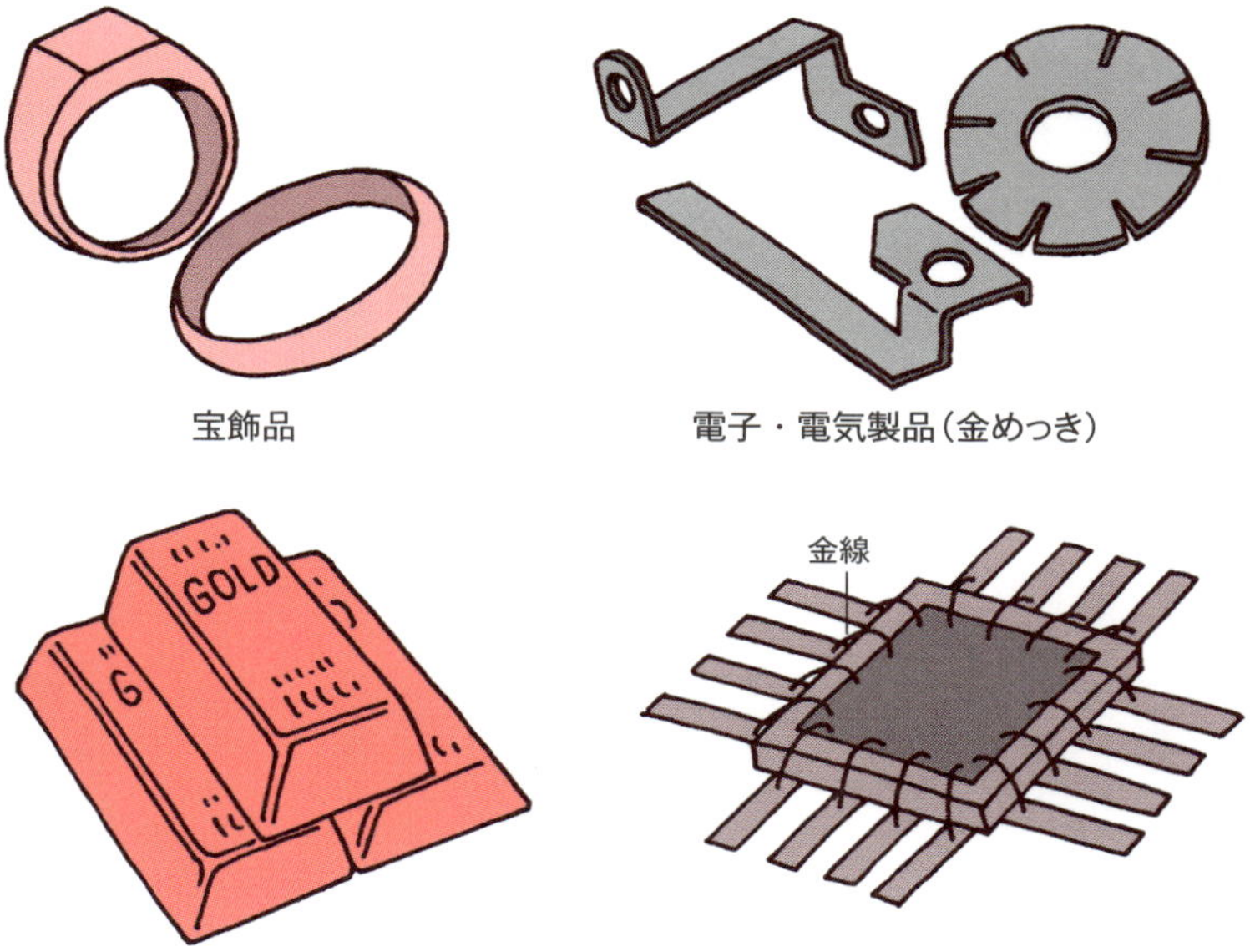

宝飾品

電子・電気製品（金めっき）

投資商品

金ワイヤーボンディング

表　電気接点に用いられる金合金

合金組成（重量%）						用途
金（Au）	銀（Ag）	白金（Pt）	ニッケル（Ni）	銅（Cu）	パラジウム（Pd）	
残	10	—	—	—	—	低電流負荷用小型リレー スイッチ 整流子
残	20	—	—	—	—	
残	40	—	—	—	—	
残	90	—	—	—	—	
残	25	6	—	—	—	
残	—	—	—	—	40	通信用リレー
残	—	—	5	—	—	通信用スイッチ・リレー
残	29	—	—	8.5	—	マイクロモーター用ブラシ

24 金属の中で導電率と熱伝導度が最も高い

銀および銀合金

　銀は、金や銅の発見から遅れること、紀元前3000年から4000年に塊状の自然銀として発見されたと言われています。古代エジプトでは、金の装飾品に銀めっきが施されたものも発見されており、銀の方が金より価値が高かった時代もあるようです。銀が金より価値が高かったのは、中世ヨーロッパ時代まで続き、その後、新大陸から多量の銀が流入することによって、現代のように銀は金に次ぐ価値となりました。銀は、貿易の取引手段としての貨幣や、皿や盃などの食器にも使用されていました。

　銀の世界の生産量は、2008年約2万1300t、2017年約2万6500tと、ほぼ横ばい状態です。

　図に銀の用途を示します。銀は、導電率と熱伝導度が金属の中で最も高く、また優れた展延性、光の反射性も良好です。そのため、電気接点ーICリードフレーム導電材として電子・電気産業に幅広く使用されています。また、銀は殺菌・抗菌特性を有しているため、様々な分野で使用されています。

　表に銀合金を示します。市場に流通している貴金属製品には決められた純度があり、銀の場合は1000分率で表します。銀分を99・95%含むものは999・5と表示されてブリタニアシルバーと呼びます。その他、銀分を92・5%含む925のスターリングシルバー、銀分を90%含む900のコインシルバーや、銀分を83・5%含む835のダッチシルバーなどもあります。

　銀は、自動車の排ガスや温泉地の硫化水素などと反応し、表面に硫化銀を生成し黒ずんでしまいます。この反応を利用して、中世ヨーロッパでは銀食器が用いられていました。料理への硫黄化合物などの毒混入をいち早く察知することができたためと言われています。

要点BOX

- ●紀元前3000年～4000年に自然銀として発見
- ●世界の生産量は過去からほぼ横ばい状態
- ●優れた展延性、光の反射性も良好

図　銀の用途

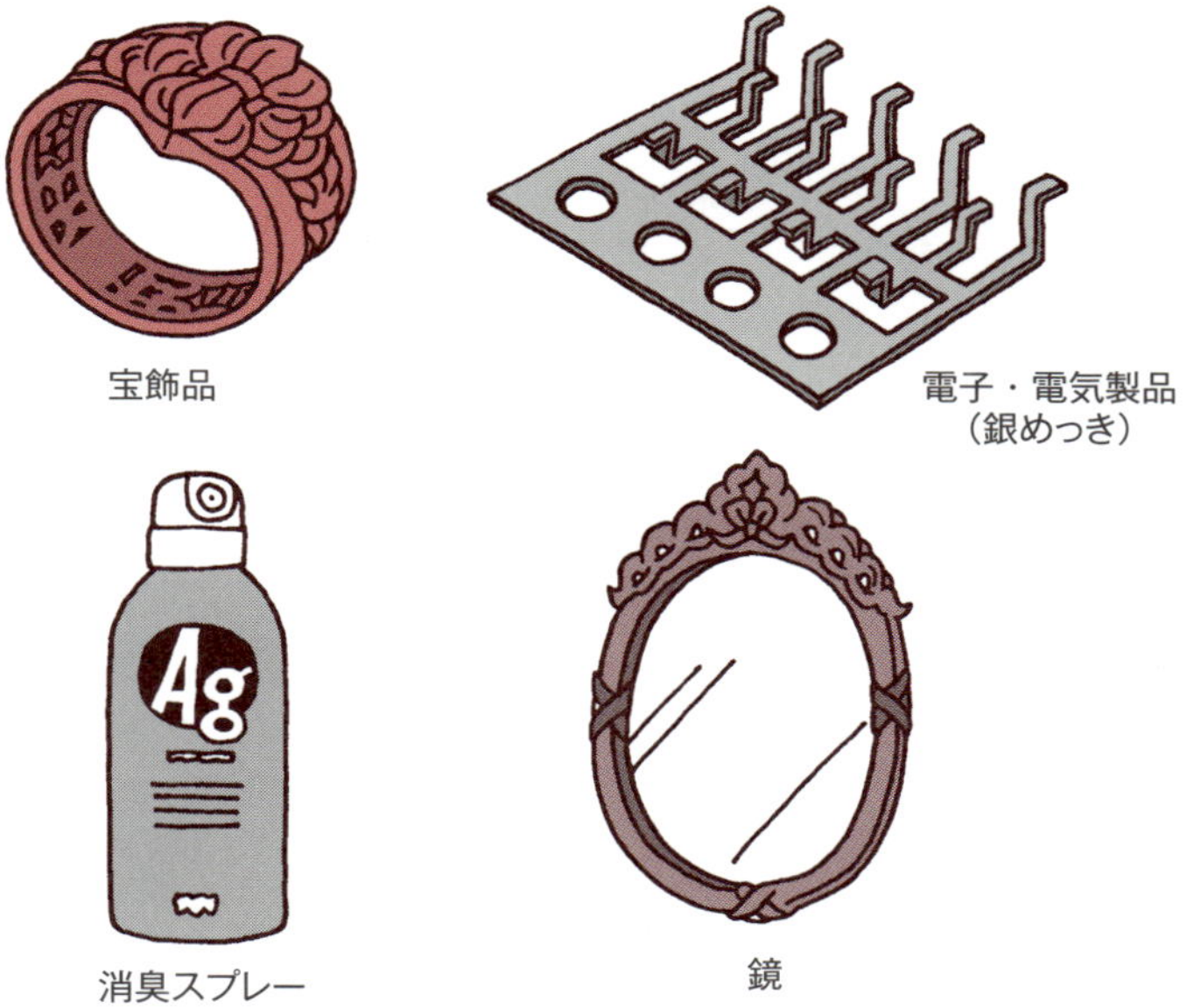
宝飾品
電子・電気製品
（銀めっき）
Ag
消臭スプレー
鏡

表　銀合金の組成と名称

銀（Ag）（‰）	銅（Cu）（‰）	名称	備考
999.9		純銀、9^4	フォー・ナイン（4N）
999		硬銀、9^3	ニッケルなど0.5‰含む。分散強化
970	30	三分落ち銀	絞り加工、カップ・トロフィーなど
958	42	ブリタニアシルバー	K23、イギリス
950	50	五分落ち銀	彫金、楽器、時効硬化
925	75	スターリングシルバー	装身具、鏡（アンティーク）、時効硬化
900	100	コインシルバー	貨幣
833	167	ダッチシルバー	K20、オランダ、テーブルウエアー
826	174	ダニッシュシルバー	デンマーク、テーブルウエアー
800	200	ジャーマンシルバー	ドイツ、テーブルウエアー
720	280	共晶合金	銀ロウ用、融点779℃
250	750	並四分一、朧銀	着色美術合金

出典：岡田勝蔵『図解よくわかる貴金属材料』（日刊工業新聞社）、2014年1月30日

25 現代の産業を支える非常に重要な金属

レアメタルとレアアース

鉄や銅、亜鉛、錫、アルミニウムのように、生産量が多く、社会で大量に使用される金属をベースメタルと呼びます。これに対して、資源が少ない、あるいは特定の地域に偏在する、金属への製錬が難しいなどの特徴を持つ47元素を経済産業省の分類でレアメタルと定義しています。

レアメタルは産業のビタミンとも呼ばれ、現代の産業を支える非常に重要な金属です。レアメタルのうち、スカンジウム、イットリウム、ランタン、ルテチウムなどの17元素をレアアース、もしくは希土類元素と呼びます。

表1に、レアメタルの用途を示します。レアメタルは、ベースメタルへの添加や、半導体や磁石などの電子・磁石材料、センサーや発光素材などの機能性材料に用いられています。ベースメタルへ添加するレアメタルとして、ニッケル、タングステン、モリブデン、マンガン、バナジウムが挙げられます。鉄鋼へのこれらのレアメタルの添加により、強度や耐食性が向上します。一方、コバルト、リチウムはリチウムイオン電池に、ニッケルはニッケル水素電池に使用されます。

このようなレアメタルは、生産地域が偏在し、生産国が数カ国に限られるという特徴があります（**表2**）。ニオブ、タングステンなどは、世界生産の7～9割以上を1カ国で生産されているので、生産国における鉱業政策などが需給・価格に大きな影響を与えることになります。

2010年に、中国からのレアアース輸出規制、いわゆるレアアースショックが起こりました。その結果、レアアース供給が制限され、国際価格が高騰しました。このような状況を受けて、日本ではレアアース代替材料に関する研究が行われています。その結果、最近、自動車用モーターに使われるネオジムの使用量を半分にした、新たな磁石も開発されています。

要点BOX
- 経済産業省による分類の47元素
- レアアースはレアメタルの一部
- レアメタルの生産地域は偏在

表1　レアメタルの用途

元素名	元素記号	用途
リチウム	Li	電池
ベリリウム	Be	銅合金
ホウ素	B	合金添加元素
スカンジウム※	Sc	触媒、電池
チタン	Ti	チタン合金、塗料
バナジウム	V	特殊鋼
クロム	Cr	ステンレス鋼
マンガン	Mn	電池、特殊鋼
コバルト	Co	電池、超硬
ニッケル	Ni	ステンレス鋼、電池
ガリウム	Ga	発光ダイオード
ゲルマニウム	Ge	半導体
セレン	Se	乾式複写機
ルビジウム	Rb	電子機器
ストロンチウム	Sr	磁性材、コンデンサ
イットリウム※	Y	触媒、コンデンサ
ジルコニウム	Zr	電子部品、原子力
ニオブ	Nb	電子部品、特殊鋼
モリブデン	Mo	特殊鋼
パラジウム	Pd	触媒
インジウム	In	液晶パネル
アンチモン	Sb	難燃剤、電池
テルル	Te	特殊合金、複写機
セシウム	Cs	光電素子
バリウム	Ba	X線造影剤
ランタン※	La	磁石、蛍光体
セリウム※	Ce	触媒、蛍光体
プラセオジム※	Pr	磁石、釉薬
ネオジム※	Nd	磁石
プロメチウム※	Pm	–
サマリウム※	Sm	磁石
ユウロピウム※	Eu	蛍光体
ガドリニウム※	Gd	原子力
テルビウム※	Tb	蛍光体
ジスプロシウム※	Dy	磁石
ホルミウム※	Ho	レーザー
エルビウム※	Er	光ファイバ
ツリウム※	Tm	レーザー
イッテルビウム※	Yb	ガラス
ルテチウム※	Lu	–
ハフニウム	Hf	電子部品、原子力
タンタル	Ta	電子部品、特殊鋼
タングステン	W	超硬、フィラメント
レニウム	Re	触媒
白金	Pt	触媒、宝飾品
タリウム	Tl	光ファイバ
ビスマス	Bi	はんだ、コンデンサ

※印はレアアース

表2　レアメタルの生産国

元素名	元素記号	生産国
ベリリウム	Be	アメリカ：75%、日本：25%
バナジウム	V	中国：53%、南アフリカ：25%
コバルト	Co	中国：40%、フィンランド：13%
ガリウム	Ga	中国：85%、ドイツ：7%
ゲルマニウム	Ge	中国：67%、フィンランド：11%
ニオブ	Nb	ブラジル：90%、カナダ：10%
パラジウム	Pd	ロシア：46%、南アフリカ：36%
インジウム	In	中国：57%、南アフリカ：15%
アンチモン	Sb	中国：87%、ベトナム：11%
タンタル	Ta	ルワンダ：31%、コンゴ民主共和国：19%
タングステン	W	中国: 84%、ロシア：4%
白金	Pt	南アフリカ：71%、ロシア：16%
ビスマス	Bi	中国：82%、メキシコ：11%

26 非晶質な構造を持った金属

アモルファス合金

金属およびその合金は、原子が周期的に配列した結晶構造です。これに対して、ある種の特定の合金を液体状態から急冷することによって、周期的な構造を持たない、非晶質な構造を持った固体を形成します（**図1**）。このような非晶質な構造は、1960年代にPaul Duwezらが Au-Si合金やAu-Ge合金で見出しました。このような合金を非晶質合金またはアモルファス合金と呼び、数多くの研究が行われました。

アモルファス合金の製法を**図2**に示します。一般的には、冷却用ロールを高速回転させ、ロール表面に溶けた金属を連続的に注入することで箔状の長いテープを作ります。

周期的な構造を持たない、非晶質な構造を持ったアモルファス合金が得られる合金系を分類すると、①遷移金属と非金属元素の組み合わせ②遷移金属同士の組み合わせ③典型金属同士の組み合わせとなります。特に、①遷移金属と非金属元素の組み合わせが最も一般的で、Ni-P合金、Fe-B合金などが挙げられます。

アモルファス合金の特性としては、①高強度②高い耐食性③優れた軟磁気特性が挙げられます。アモルファス合金は、同種の合金を結晶化した金属よりも強度が高いです。ピアノ鋼線の最大引張強度が約300kgf/mm^{2}なのに対して、鉄系アモルファス合金は約450kgf/mm^{2}の最大引張強度が得られています。

また、結晶金属のように粒界が存在しないアモルファス合金の表面には均一な不動態皮膜を形成するので、ステンレス鋼をはるかに超える優れた耐食性を有しています。更に、アモルファス合金は磁界に近付けると磁化しやすく、磁界から離すと磁化が消えやすい、いわゆる優れた軟磁気特性を有しています。そのため、テープレコーダーのヘッドやトランスの磁芯材料に用いられています。

要点BOX

- 遷移金属と非金属元素の組み合わせが一般的
- 非常に高い強度と耐食性
- 優れた軟磁気特性

図1　結晶構造の比較

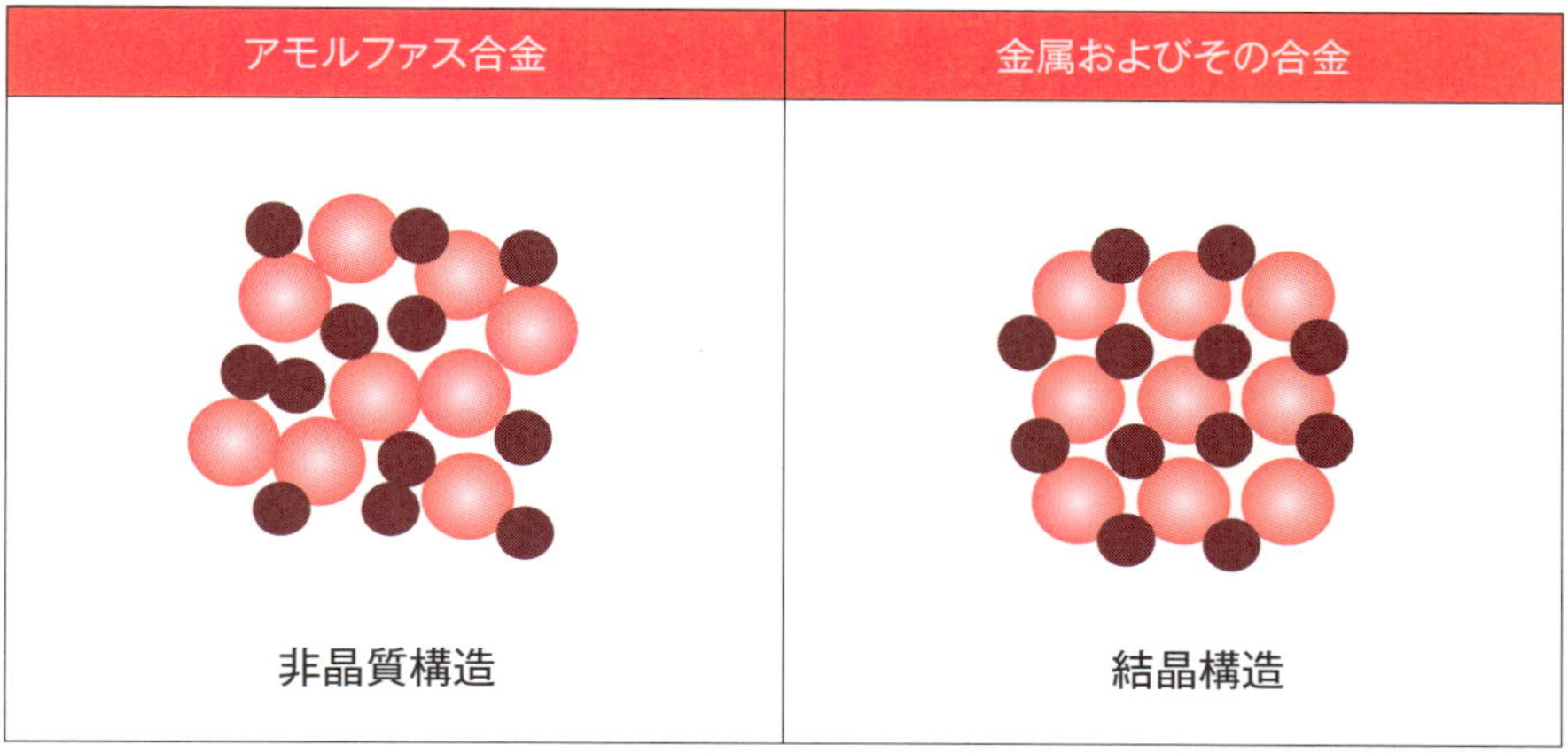

図2　アモルファス合金の製法

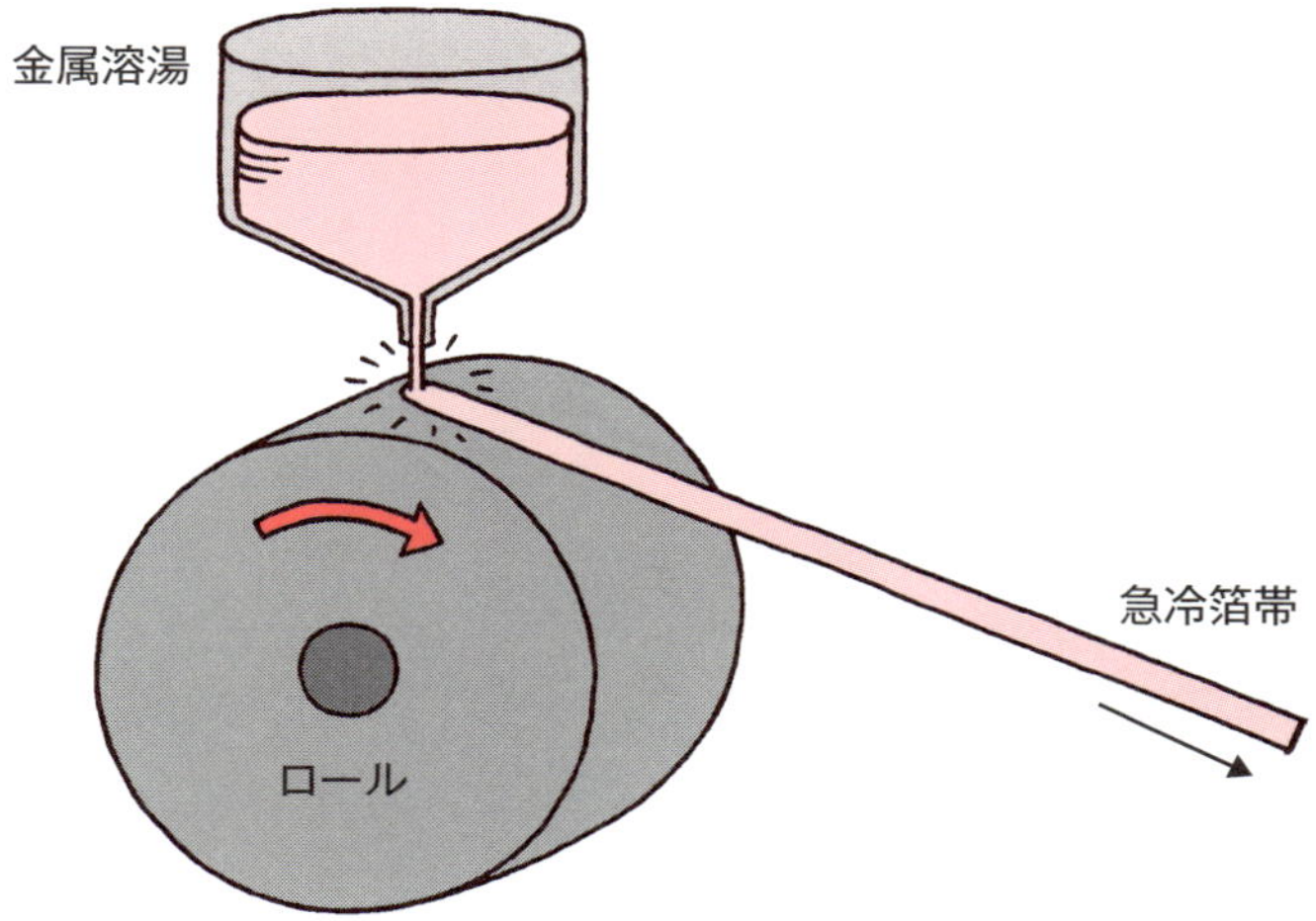

27 硬質相と結合相からなる複合材料

超硬およびサーメット

超硬合金は、硬質相と結合相からなる複合材料で、1923年にオスラムランプ社で開発され、1927年にクルップ社から切削工具として発売されました。超硬合金の定義は、広義には硬質相としてチタン、ジルコニウム、ハフニウム、バナジウム、ニオブ、タンタル、クロム、モリブデン、タングステンの9種類の金属炭化物や金属窒化物、結合相として鉄、コバルト、ニッケルを焼結させた複合材料とされています。

最も一般的な超硬合金としては、硬質相としてタングステンの炭化物、結合相としてコバルトからなるWC-Co系合金があり、その金属組織の模式図を図に示します。超硬合金の特性は、硬質相であるタングステンカーバイドの大きさや形状、タングステンカーバイドと結合相のコバルトの割合などが影響します。

表に示すように、切削工具用の超硬合金はP、M、K、N、S、Hの6種類があり、削る材料の材質によって使い分けられています。Pは鉄鋼、Mはステンレス鋼、Kは鋳鉄、Nは非鉄金属、Sは耐熱鋼やチタン、Hは高硬度材料を削る際に使用します。

サーメット(Cermet)とは、セラミックス(Ceramics)と金属(Metal)からなる造語です。超硬合金の中で硬質相としてチタンの炭化物、結合相としてニッケルからなるTiC-Ni系合金をサーメットと呼んでいます。

タングステンカーバイドは熱伝導度が高いため、切削加工時に発生する熱を逃がしやすいので、タングステンカーバイドからなる超硬合金の切削工具の場合、切削時に焼付きが発生しにくいです。一方、チタンカーバイドは鉄との親和性が低いため、サーメットからなる切削工具を用いて鋼材を高速で切削加工した際の加工面は優れています。

超硬合金は、その主成分であるタングステンカーバイドの融点が2900℃と高温なので、溶製が困難です。そのため、粉末冶金法により金属粉末をプレスした後、焼き固めて所用形状を製造します。

要点BOX

- ●一般的な超硬合金はWC-Co系合金
- ●特性はWCの大きさや形状、Coの割合が影響
- ●サーメットは超硬合金の1種

図　WC-Co系合金の金属組織

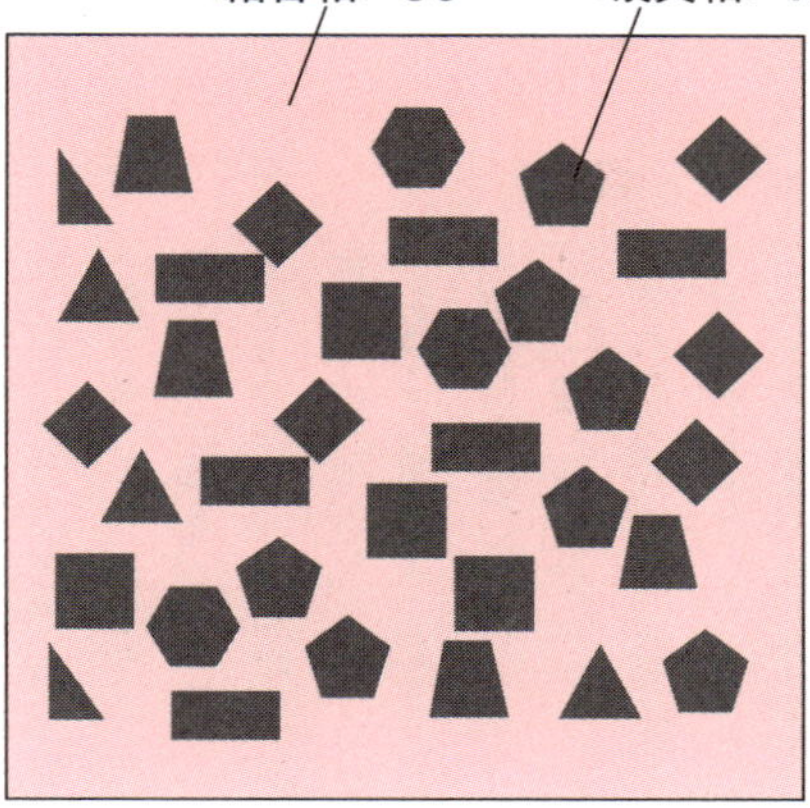

表　超硬合金の分類

記号	材料の分類
HW	金属および硬質の金属化合物からなり、その硬質相中の主成分が炭化タングステンであり、硬質相粒の平均粒径が 1 μm 以上であるもの
HF	金属および硬質の金属化合物からなり、その硬質相中の主成分が炭化タングステンであり、硬質相粒の平均粒径が 1 μm 未満であるもの
HT	金属および硬質の金属化合物からなり、その硬質相中の主成分がチタン、タンタル（ニオブ）の、炭化物、炭窒化物、窒化物であって、炭化タングステンの成分が少ないもの
HC	上記の超硬合金の表面に炭化物、炭窒化物、窒化物、酸化物、ダイヤモンド、ダイヤモンドライクカーボンなどを、1 層または多層に、化学的または物理的に被覆させたもの

記号	被削材
P	鋼、鋳鋼
M	ステンレス鋼
K	鋳鉄
N	非鉄金属
S	耐熱鋼、チタン
H	高硬度材料

Column

金属の三兄弟 金・銀・銅

オリンピックでは、1位から3位までの競技者に金・銀・銅のメダルが授与されます。世界的な大イベントなだけに、各国がそれぞれのメダル数を競い合うのもオリンピックならではの醍醐味ですね。ところで、どうして、金・銀・銅がオリンピックメダルに使用されて、その順番が金・銀・銅なのでしょうか？ その理由について考えてみます。

1つ目の理由は、人類の金・銀・銅との出会いにあります。人類が金・銀・銅に出会った時期は、いずれも古代でおおよそ紀元前数千年と言われています。人類が早くから金・銀・銅に出会うことができた理由は、いずれも純金属に近い、自然金、自然銀、自然銅として地球上に存在するためと思われます。人類が後に手にする鉱石から金属を抽出する製錬技術を経ることなく、人類は金・銀・銅を手にすることができたのです。

2つ目の理由は、その色調と輝きにあります。数ある金属の中で、色調を有する金属は金と銅のみで、特に、金の輝きは、富の象徴とされてきました。銀は、数多くの金属と同様に銀白色ですが、光の反射率が高いため、特に優れた輝きを有しています。

3つ目の理由は、加工性の良さにあります。金・銀・銅を装飾品に加工する場合、溶かしたり、叩いて変形させて形作る必要があります。金・銀・銅の融点は、いずれも1000℃前後なので、当時の熱源で比較的容易に溶解することができたと推測されます。また、いずれの金属の結晶構造も面心立方構造で、延性が豊かで塑性加工しやすい特徴があります。

最後の理由は、希少性にあります。地殻濃度は、金が0・0011ppm、銀が0・07ppm、銅が55ppmであり、汎用的に使用される鉄の4万1000ppmやアルミニウムの8万2000ppmと比較すると、その少なさをイメージできると思います。

以上のように、オリンピックメダルに金・銀・銅が使用されて、その順番が金・銀・銅となっている理由は、①人類との出会い②色調と輝き③加工性の良さ④希少性からと推測されます。

第4章

金属材料の評価・試験方法

28 金属の硬さを調べる試験

硬さ試験

硬さ試験の歴史は、1812年にF. Mohsによって考案されたモースの硬度計に始まります。これは、異種の材料を互いに引っかいて傷が付かない方が硬いと判断する方法で、1から10までの段階で表す鉱物の硬さの尺度です。

硬さ試験を大別すると、①押込み硬さ試験法②反発硬さ試験法③引っかき硬さ試験法に分けることができます（**図**）。①押込み硬さ試験法は、試料表面に圧子を押込んだ際の変形抵抗から硬さを求める方法で、ロックウェル硬さ試験、ビッカース硬さ試験、ブリネル硬さ試験、ナノインデンテーション法があります。②反発硬さ試験法は、試料表面にハンマーを落下させて、その跳ね返り高さから硬さを求める方法で、ショアー硬さ試験があります。③引っかき硬さ試験法は、試料表面を針で引っかいた際の引っかき傷で硬さを求める方法で、マルテンス硬さ試験があります。

ロックウェル硬さ試験は、Cスケールのダイヤモンド円錐形圧子、Bスケールの鋼球形もしくは超硬球形圧子を表面に基準荷重で押込み、次に試験荷重を加えて、再び基準荷重に戻した際の押込み深さを測定して硬さを求める方法です。得られる硬さはHRC、HRBで表されます。ビッカース硬さ試験は、ダイヤモンド四角錐圧子を試料表面に押込んだ荷重と圧痕の表面積から硬さを求める方法で、得られる硬さはHVで表されます。

ブリネル硬さ試験は、鋼球を試料表面に押込んで、荷重と圧痕の表面積から求められる応力を求める方法で、得られる硬さはHBで表されます。最近の試験方法であるナノインデンテーション法は、押込み荷重をマイクロニュートンで制御し、圧子の押込み深さをナノメートルの分解能で測定し、試料の極表面の硬さを評価する方法です（**表**）。

要点BOX
- 硬さ試験の歴史はモースの硬度計
- 硬さ試験は、押込み、反発、引っかきの3種類

図　硬さ試験

①押込み硬さ試験法

試料表面に圧子を押込んだ際の変形抵抗から硬さを求める方法
ロックウェル硬さ試験、ビッカース硬さ試験、ブリネル硬さ試験、ナノインデンテーション法

②反発硬さ試験法

試料表面にハンマーを落下させて、その跳ね返り高さから硬さを求める方法
ショアー硬さ試験

③引っかき硬さ試験法

試料表面を針で引っかいた際の引っかき傷で硬さを求める方法
マルテンス硬さ試験

表　硬さ試験の特徴

種類	記号	方法	特徴
ロックウェル硬さ試験	HR	ダイヤモンド製の頂角120°の円錐形圧子を試験片に押し付け、できたくぼみの深さで硬さを評価する	押込み深さの測定のため、迅速な測定が可能
ビッカース硬さ試験	HV	ダイヤモンド製の四角錐の頂点を試験片に押し付け、できたくぼみの表面積で硬さを評価する	荷重の大きさによらず、得られる硬さが一定
ブリネル硬さ試験	HB	鋼球圧子を試験片に押し付け、できたくぼみの表面積で硬さを評価する	荷重や鋼球直径によって硬さが異なるため、材料によって適した荷重／鋼球直径の選定が必要
ショアー硬さ試験	HS	おもりを試験片に落下させ、おもりが跳ね返った高さで硬さを評価する	弾性変形に対する抵抗の測定のため、製品に傷が付かない

29 引張荷重負荷時の変形挙動を求める試験

　引張試験は、試験片に引張荷重を負荷した際の変形挙動を求める試験方法で、金属の材料試験で最も一般的です。引張試験片と呼ばれる引張試験に使用する試料は、JIS規格によって決まっています。

　引張試験機と呼ばれる試験機に所定形状の引張試験片を取り付けて、引張荷重を負荷します。試験機の種類は、油圧で試験片に荷重を負荷させるタイプと、モーターで歯車を回転させて試験片に荷重を負荷するタイプの2つがあります。前者は大きな荷重をかけることが可能で、後者は試験速度の制御に優れています。

　引張試験で得られる基本となるデータは、**図1**に示すような、引張試験片を引張始めてから切断するまでの荷重—変位曲線が得られます。試験片を変形させていくと変形に伴って荷重が直線的に増加していき、その後、直線から外れて曲線を描き始めて、上に凸の曲線を描いた後に試験片が破断します。この荷重—変位曲線において、変形に伴って荷重が直線的に増加していく領域を弾性域と呼びます。荷重を除けば元の形状に戻る弾性変形の領域です。更に変形させると直線から外れ始めます。この領域になると荷重を除いても元の形状に戻らない塑性変形が開始します。

　更に試験片を変形させると、塑性変形しながら金属は加工硬化により強さが増加し、最大の荷重を示した後に、荷重が減少し始めて破断に至ります。弾性変形から塑性変形に変わる時点の強度を降伏荷重、最大の荷重を示した部分を最大引張荷重と呼びます。また、破断までの伸びを全伸び、最大引張荷重から破断までの伸びを局部伸びと言います。

　金属の強さを比較する場合、断面積の大小が影響します。そこで、**図2**に示すように、金属の断面積によらない変形のしやすさは、変形に必要な力を金属の断面積で割った応力で比較します。

要点BOX

- ●金属の材料試験で最も一般的
- ●基本となるデータは荷重−変位曲線
- ●弾性域と塑性域

図1　荷重―変位曲線

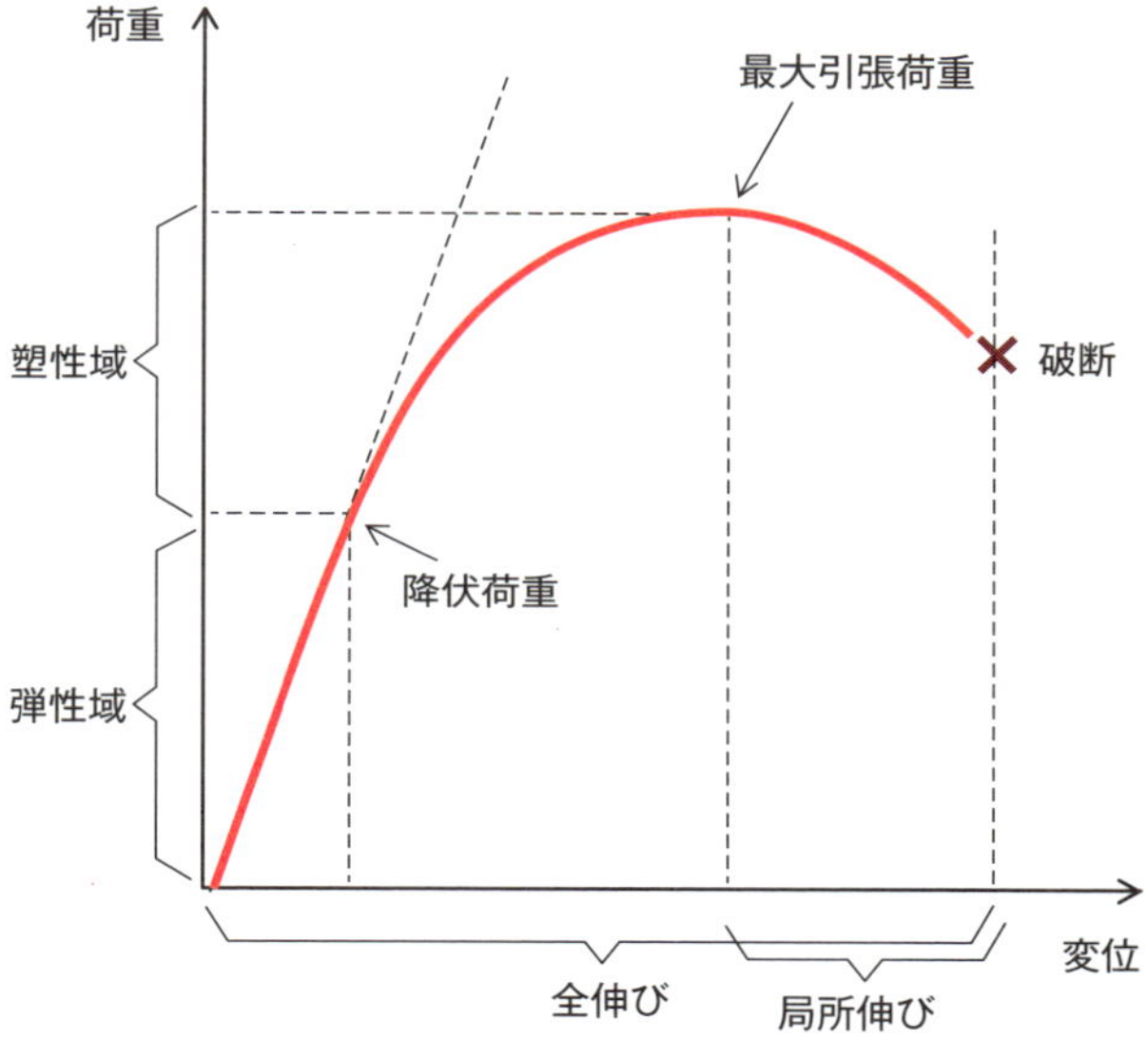

図2　金属の応力

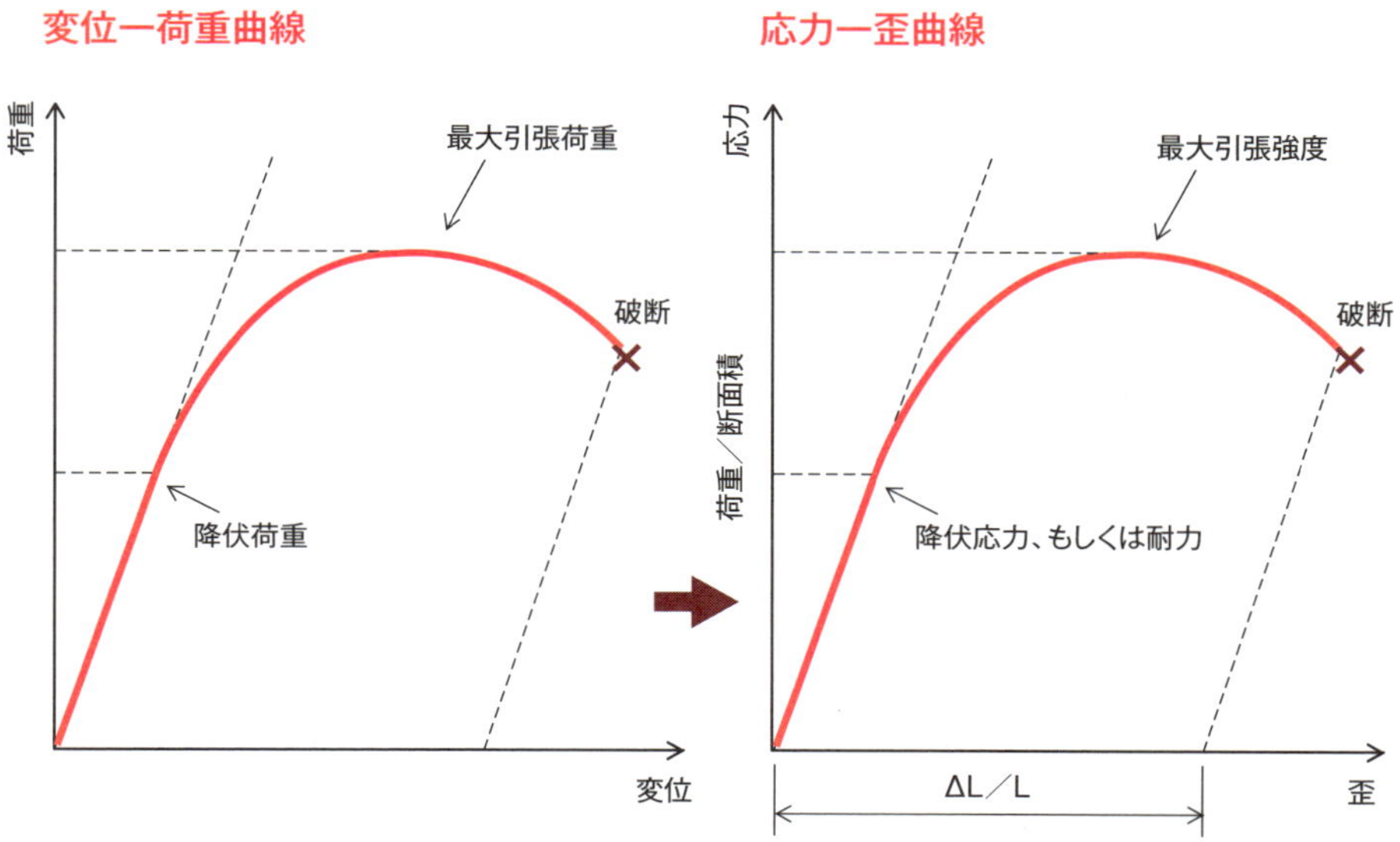

30 金属の疲労特性を調べる試験

疲労試験

1回の負荷では破壊しない荷重であっても、繰り返して負荷を与えると微小な亀裂が発生し、この亀裂が成長して破壊してしまう場合があります。これを疲労破壊と呼びます。金属製品や金属部品の金属疲労の進行を把握することが難しいため、疲労破壊が突然発生して大きな事故になることも少なくありません。

金属疲労が原因の事故は、古くは1954年の世界初のジェット旅客機コメットの窓コーナー部からの疲労破壊による空中分解や、1985年の日航ジャンボ機の後部圧力隔壁の破壊、1995年の高速増殖炉もんじゅ配管の温度計さや管の破壊など、これまでに数多く発生しています。金属疲労は日常生活の中でも目にすることができ、キーホルダーやバックの金具などが突然壊れてしまうのも、開け閉めの際の繰り返し荷重による金属疲労が原因の場合が少なくありません。

このような金属の疲労特性を調べる試験方法として、疲労試験が行われます。疲労試験は、試験片に、ある指定の平均荷重を中心に上下交互に荷重をかけ、疲労寿命と呼ばれる破壊が引き起こる繰返し荷重回数を求める方法です。疲労試験で負荷される荷重は、**図1**に示すように様々なものがあります。

疲労試験によって、**図2**に示すような繰返し応力の大きさと、試験片が破壊するのに必要な繰返し回数をプロットしたS—N線図が得られます。鉄鋼では、負荷を繰り返しても疲労破壊が発生しない疲労限が存在しますが、非鉄金属において疲労限は存在しないと言われています。

健全に使用していた機械や構造物が、ある日突然、疲労破壊を起こさないために、部材に用いる材料の疲労特性を考慮した、機械や構造物の疲労設計を行うことが重要と言えます。

要点BOX

●低荷重でも繰り返して負荷されると破壊
●金属疲労が原因の事故はこれまでに多く発生
●繰返し応力と破壊に必要な繰返し回数

図1　疲労試験で負荷された荷重

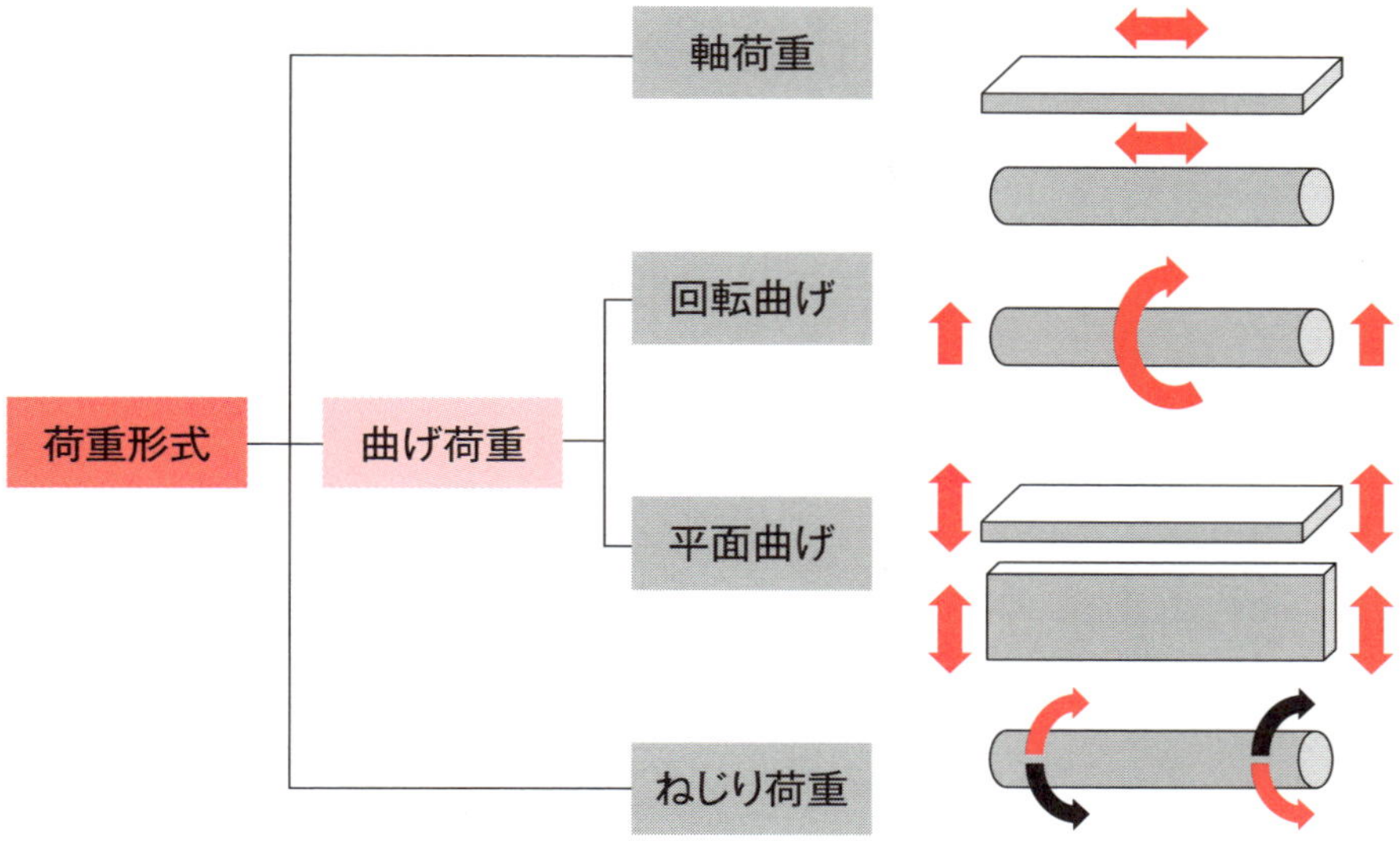

図2　S—N線図

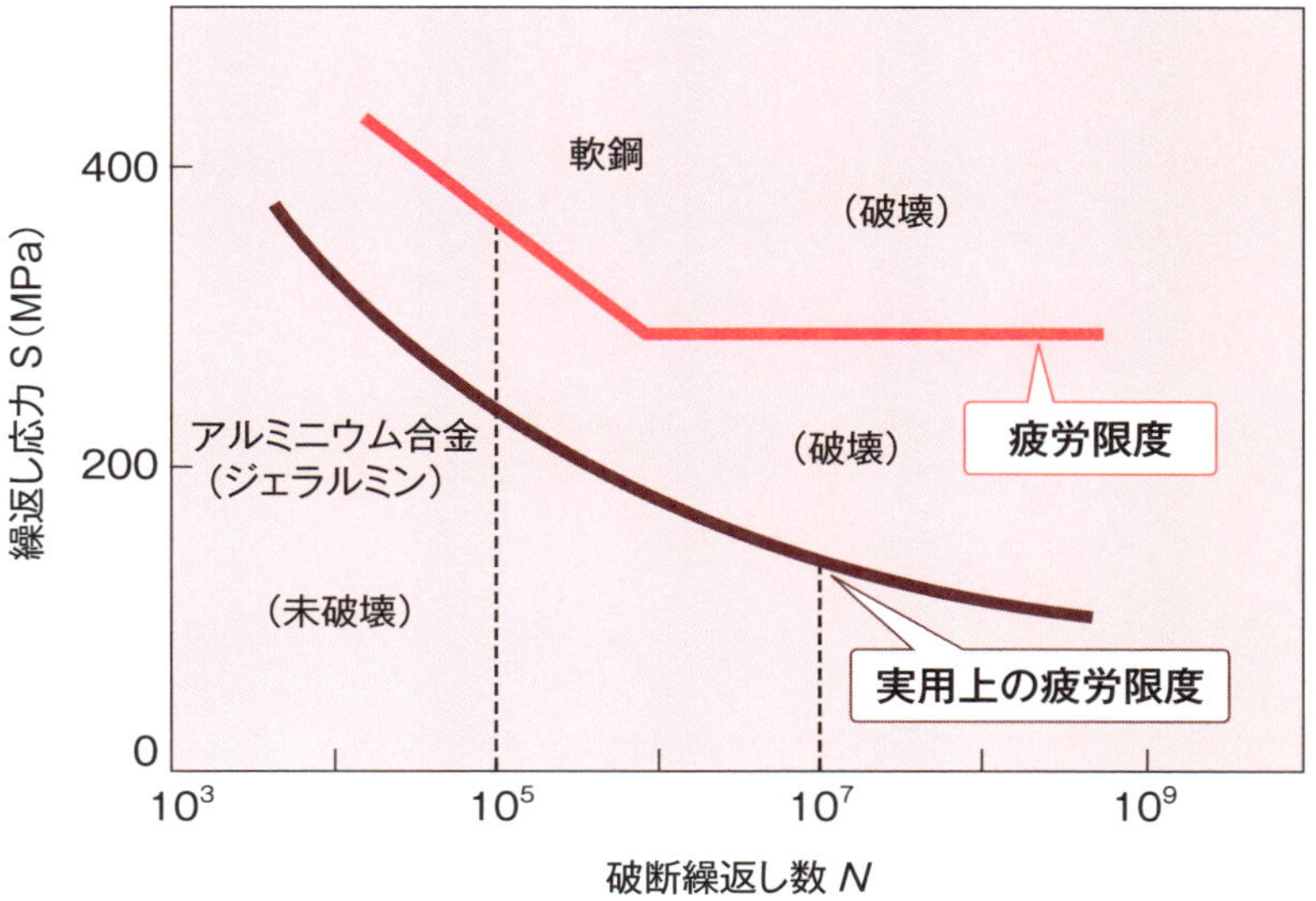

31 摩擦運動部分の挙動を把握する試験

私達の身の周りにある様々な機械には、2つの部品が互いに接触し相対的に運動する部分が必ず存在しています。このような2つの部品が相対運動する場合、部品同士の摩擦によって接触面の損傷や固体からの粉末の脱落が発生する、いわゆる摩耗が発生する場合があります。

摩耗を大別すると、①表面突起同士の接触部がくっ付いて切り取られる凝着摩耗②摩擦面間に介在する異物により表面が削り取られるアブレッシブ摩耗③荷重や摩擦力が繰り返し作用することによる疲労破壊に基づく疲労摩耗④環境中の腐食物質や潤滑剤中の化学活性物質と反応して脆弱な物質を生成し、これが相手材からの作用力によって脱落して進行する腐食摩耗に分類されます。

これらの摩耗を抑制するために、摩擦・摩耗試験によって摩擦運動部分の挙動を把握することが重要です。なお、相対運動しながら互いに影響を及ぼし合う2つの表面の間に発生する全ての現象を対象とする科学と技術のことをトライボロジーと呼びます。

摩擦・摩耗試験の具体的な方法は、ピン・オン・ディスク摩耗試験やスラストシリンダ摩耗試験、ブロック・オン・リング摩耗試験があります(図)。

摩擦・摩耗試験の目的を大別すると、①摩擦・摩耗メカニズムの解明②摺動材料や潤滑剤の評価③実機での摩擦・摩耗の再現となります。摩擦・摩耗試験で明らかとなった結果を間違って解釈して利用するケースも少なくありません。摩擦・摩耗試験の目的と意義を理解した上で、試験方法や試験装置を選択することが重要です。

また、摩擦・摩耗現象の解明には、接触面の塑性変形や発熱による温度上昇、相手材との反応などの微小領域の現象把握が重要になります。このような現象把握には、目覚ましく進化する解析技術や分析技術の活用が有効です。

要点BOX
- ●摩耗は摩擦による接触面損傷や粉末の脱落
- ●目的に応じた試験方法・装置の選択が重要

図　摩擦・摩耗試験

ピン・オン・ディスク摩耗試験

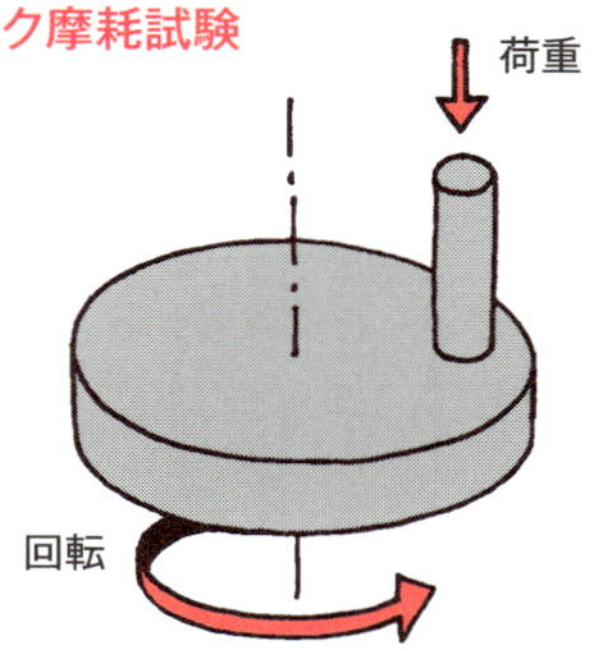

スラストシリンダ摩耗試験

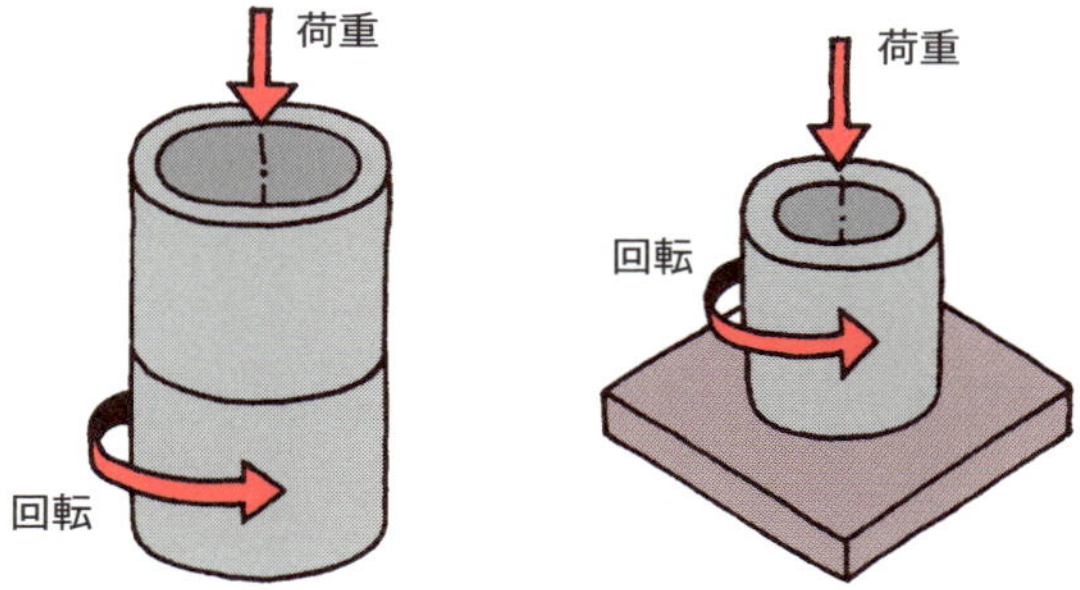

ブロック・オン・リング摩耗試験

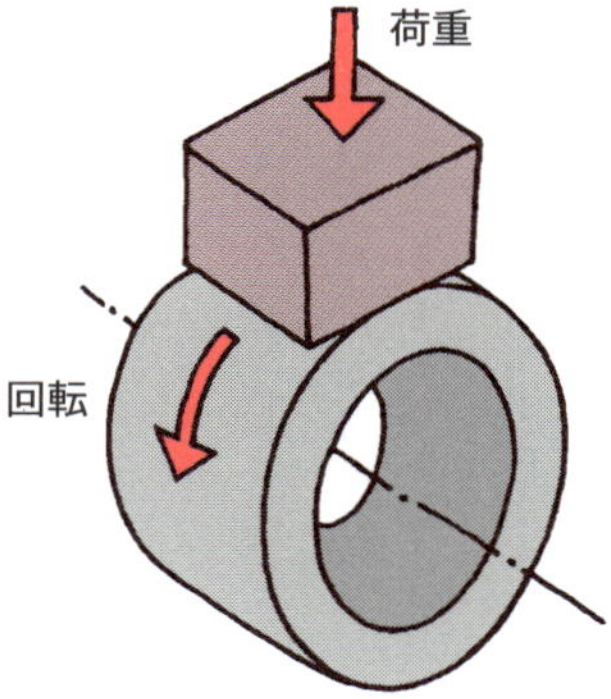

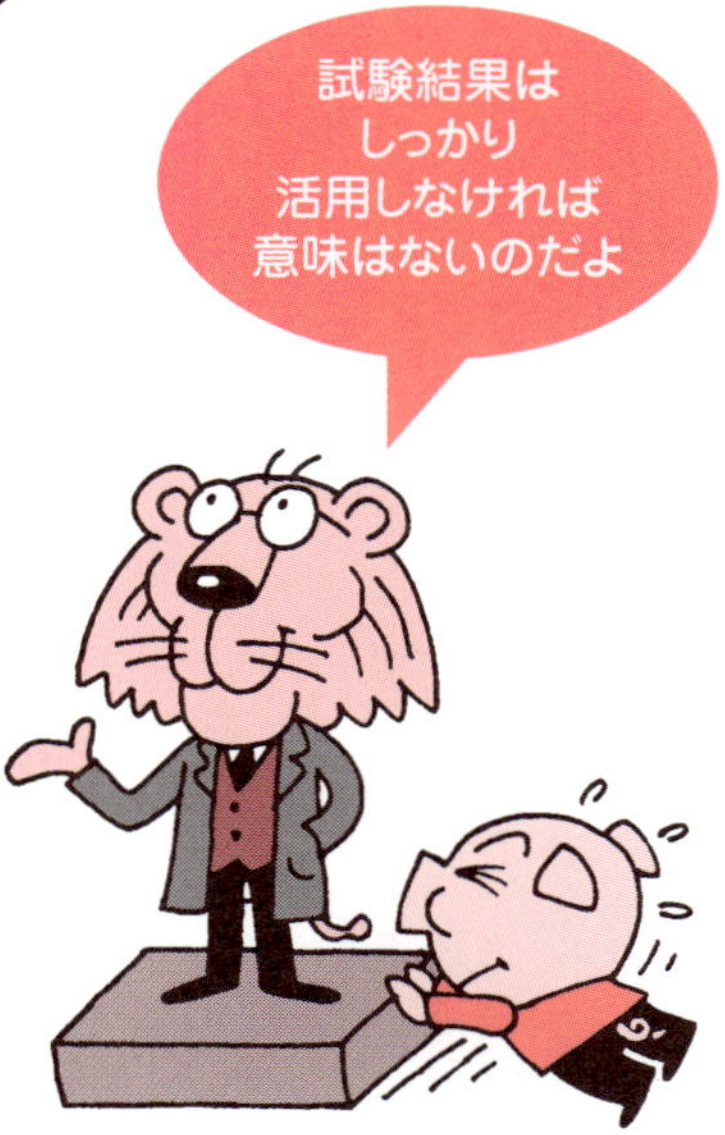

32 金属のクリープ特性を調べる試験

金属は、融点の半分以上の温度で、一定の応力が負荷されると、時間の経過と共に変形が進みます。このことをクリープと呼びます。火力発電プラント設備や化学プラント設備、燃焼タービンに使用される金属部品は、約650℃から1500℃の高温と圧力下で長期間使用されるので、ボイドと呼ばれる微小な空孔が粒界に発生し、その連結によってき裂に成長し、最終的に破断してしまう場合があります。これをクリープ損傷と呼びます(**図1**)。

上述のような高温領域で使用される設備を設計する際は、長時間使用しても、その時間の中でクリープによる不具合や破壊が起きないような条件設定と材料選定を行う必要があります。そのための金属のクリープ特性を調べるために行う試験がクリープ試験です。

図2に、一般的に用いられるクリープ試験機を示します。一定荷重を長時間試験片に負荷するために、おもりの荷重を試験片に負荷するてこ式の構造です。

クリープ試験によって、**図3**に示すようなクリープ曲線が求められます。具体的には、クリープ歪を縦軸に、時間を横軸にプロットした線図で、歪速度が時間と共に減少する遷移クリープ、歪速度がほぼ一定の定常クリープ、歪速度が次第に増加する加速クリープの3段階に分けられます。このクリープ曲線によって、その変形挙動をパラメータ化することで、クリープ破断寿命を予測することができます。

最近、オープンサイエンスと呼ばれる、インターネットなどを通じた各種の金属材料に関する研究データが一般公開されています。各種金属材料のクリープ特性に関しても、インターネットで公的研究機関から公開されているので、設計時に活用することが可能です。

要点BOX

- 融点の半分以上の温度と一定の応力負荷
- てこ式構造のクリープ試験機
- 遷移、定常、加速クリープの3段階

図1　クリープ損傷

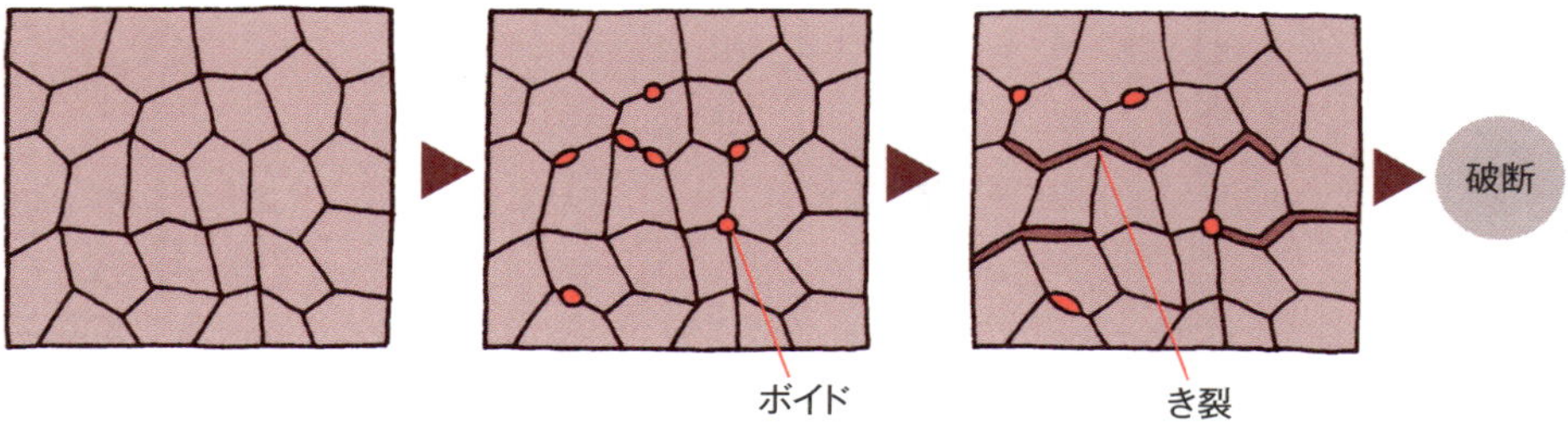

図2　クリープ試験機

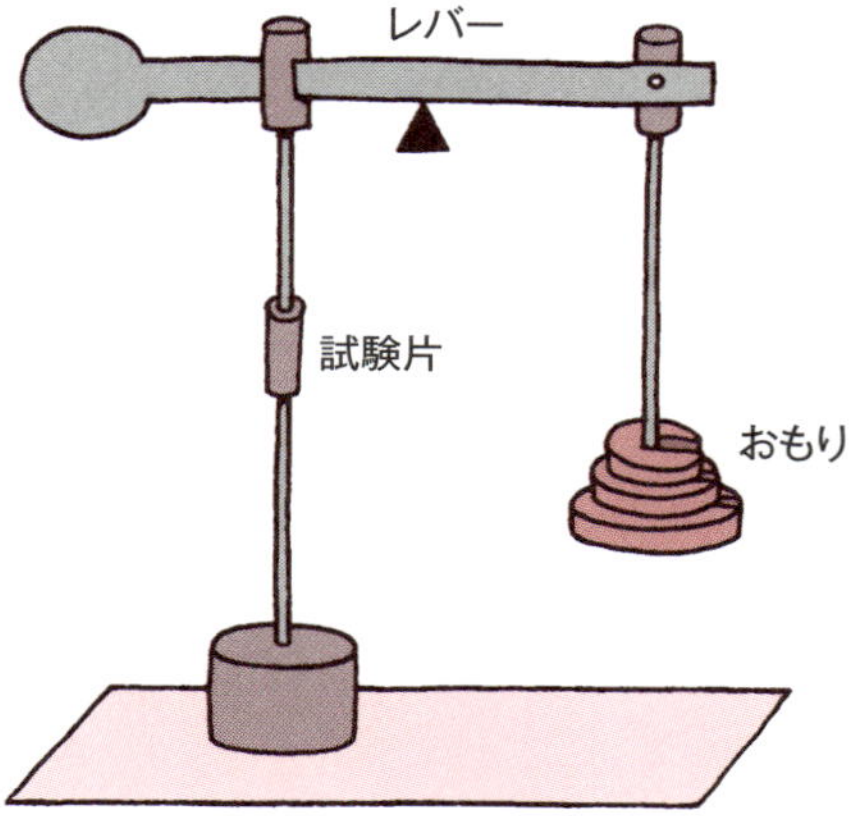

図3　クリープ曲線

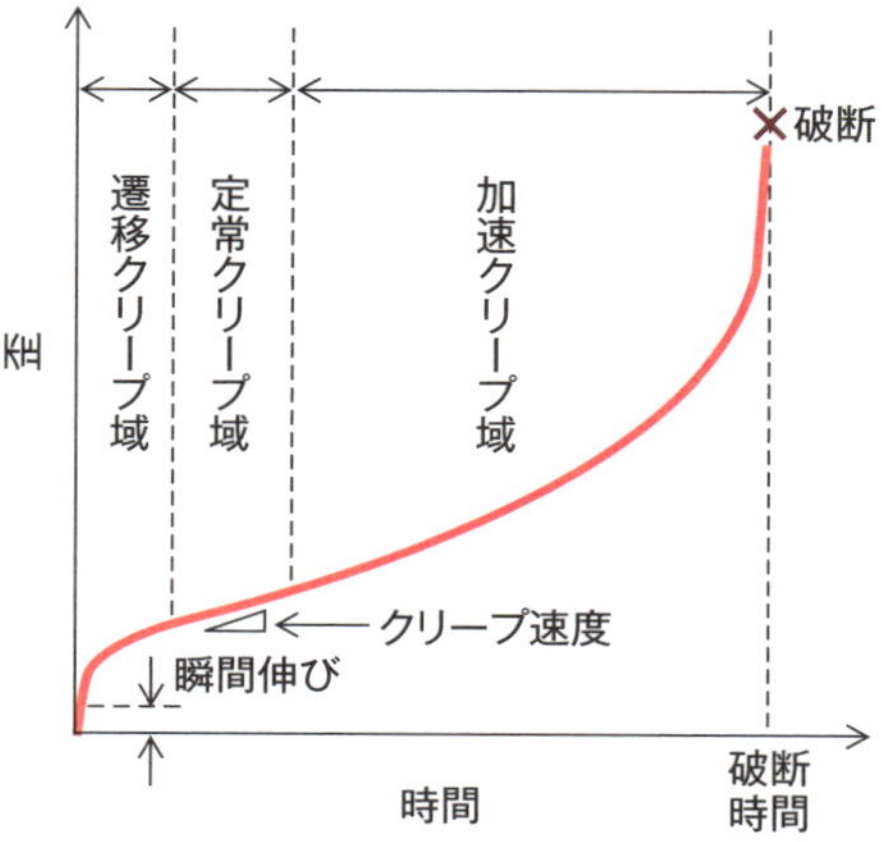

33 金属の腐食特性を調べる試験

日常生活で最も身近な金属の腐食と言えば、街角で見かける鉄鋼製品から発生した赤錆ではないでしょうか（**写真**）。このような金属の腐食は、時には甚大な被害をもたらす場合もありますので、腐食が発生しないように、製品設計や材料選定の段階から十分な検討が必要です。そのための金属の腐食特性を調べる試験を耐食性試験と呼びます。

耐食性試験は腐食試験とも呼ばれ、実際の環境で試験を行う実地試験と、腐食環境の腐食要素を抜き出して強い腐食環境で試験を加速させる促進試験に大別することができます。

実地試験は、材料の使用環境中に試験片や対象部材を設置する実環境での試験のことで、大気環境の場合は、屋外暴露試験や耐候試験とも呼ばれています。

促進試験は、長期間を要する実地試験に対して短期間で試験結果が得られる、比較材や判定基準との相対的に評価しやすいなどの利点がある反面、様々な要因のある実地試験との結果の違いや促進試験における試験時間を実使用環境での寿命期間に換算できないことが課題です。

代表的な耐食性の促進試験として、**表**に示すように、塩水噴霧試験と複合サイクル試験が挙げられます。塩水噴霧試験は、古くから用いられてきた耐食性試験で、基本的な試験として幅広く用いられています。ISO規格では中性塩水噴霧試験、酢酸酸性塩水噴霧試験、キャス試験が含まれています。複合サイクル試験は、乾燥、湿潤、塩水噴霧の基本条件の組み合わせによる試験が可能です。なお、腐食促進試験は、材料の耐食性を比較するのには適しています。促進試験時間を実環境での寿命期間に換算できないといった課題に対しては、まずは実環境サンプルと促進試験サンプルをそれぞれ分析し、腐食形態を比較することが重要です。

耐食性試験

要点BOX
- ●実際の環境で試験を行う実地試験
- ●強い腐食環境で試験を加速させる促進試験
- ●促進試験時間の実環境寿命への換算が課題

写真　赤錆

表　代表的な耐食性の促進試験

促進試験	方法
塩水噴霧試験	一定の温度に保たれた試験装置内に試料を設置し、その上から腐食性溶液を霧状に噴霧し、その後、表面に生じた錆の状態を観察する。中性塩水噴霧試験では、水1ℓ中に塩（50g）溶かし、pH6.5～7.2になるように調整された溶液、酢酸酸性塩水噴霧試験では中性塩水に酢酸を加えた溶液（ pH3.1～3.3）、キャス試験では0.26gの塩化銅（Ⅱ）二水和物を溶かした後に酢酸を加えた溶液（ pH3.1～3.3）をそれぞれ使用する。
複合サイクル試験	試験装置内で塩水噴霧、乾燥、湿潤のサイクルを繰り返すことが可能で、試料の腐食性を短時間で評価できる。また、塩水噴霧試験と比べて実環境に近い評価が可能なため、各種材料の寿命推定にも用いられる。

Column

金属に関する資格を取ろう！

資格を取得すると、様々なメリットがあります。例えば、今までとは異なる業種の仕事に就けたり、それまで携われなかった新たな仕事を担当できたりと、仕事の幅を広げることができます。また、資格試験にチャレンジすることで、自分の能力を測ることもでき、達成感も得られます。

金属に関する仕事においても同様です。金属に関連する資格はあまり多くありませんが、国家資格と団体の講習について紹介したいと思います(表)。

金属に関連する国家資格は、技術士と技能士があります。技術士は、技術士法に基づく国家資格であり、技術者にとって最高位と位置付けられる資格です。技術士試験の難易度は決して低くなく、資格取得の困難さは「弁護士」「公認会計士」「弁理士」などに匹敵するとの声もあります。

一方、技能士とは、各都道府県の職業能力開発協会が実施する技能検定に合格した人に与えられる国家資格です。技能に対する社会一般の評価を高め、働く人々の技能と地位の向上を図ることを目的としています。

国家資格以外に、各種団体が行う講習もあります。例えば、公益社団法人日本材料学会では、材料の各種機能評価の際に要求される知識や技能を身に付けた人材を養成し、材料学および科学技術の更なる発展と産業振興に資することを目的とした、技能検定・認証制度を設けています。現在、本制度により実施している技能検定講習・技能検定試験は、金属材料に対する「硬さ試験・引張試験」および「疲労試験」になっています。また、一般社団法人日本鋳造協会では、将来の鋳造現場の人材育成を目的とした、鋳造カレッジを実施しています。

このように、あまり多くはありませんが、みなさんも、金属に関連する国家資格と団体の講習にチャレンジして、スキルアップを図られてはいかがでしょうか。

表　金属に関する資格

資格	資格制度	試験実施団体
金属材料試験技能士	国家資格	都道府県職業能力開発協会
技術士金属部門	国家資格	公益社団法人日本技術士会
材料試験士	日本材料学会認証資格	公益社団法人日本材料学会

第5章

加工プロセス

34 金属製品に形状と機能を付与して仕上げる

身の周りにある様々な金属製品は、金属を加工して製品に必要な形状と機能が付与されています。このような金属に形状と機能を付与する加工プロセスを分類してみましょう(図1)。鋳塊と呼ばれる金属塊、粉末、板、条、管、棒、線などの金属素材を作る「溶解」「鋳造」「圧延」「押出」「伸線・引抜」の1次加工と、1次加工で得られた金属素材に形状や機能を付与して金属製品へと仕上げる「プレス」「接合」「切削」「粉末冶金」「熱処理」「表面処理」の2次加工に分けられます。

金属製品によっては、溶解した金属を鋳型に流し込んで冷却し、鋳物と呼ばれる製品形状を一発で成形するものもありますが、ほとんどの金属製品は、いくつかの加工プロセスを組み合わせて仕上げられる場合が多いです。また、金属素材に荷重をかけて塑性変形させる「圧延」「押出」「伸線・引抜」「プレス」の加工プロセスは塑性加工と呼ばれています。

一般的に、金属を金属製品に仕上げる加工プロセスは、金属の特性、製品形状と寸法精度、コスト、の3つの視点で選定されます。これを加工プロセス選定と呼びます(表)。例えば、食事に使用する金属スプーンを例に挙げると、金属スプーンの加工方法は①溶かしたアルミニウム合金をスプーン形状の型に注ぎ込む鋳造加工でスプーン形状を得る方法②1次加工で得られたステンレス鋼の鋳塊を圧延加工し、得られた板材をプレス加工してスプーン形状を得る方法の2種類があります(図2)。

①は、一発でスプーン形状を得ることができるメリットはありますが、金属の特性として、金属が溶ける温度の低さや、溶けた金属の鋳型空洞への流れやすさが求められます。一方、②は、固体の金属に力を加えて変形させる塑性加工のため寸法精度は良いですが、金属の特性として変形のしやすさが求められます。

要点BOX
- ●加工プロセスは1次加工と2次加工の2種類
- ●塑性加工は金属に荷重をかけて変形させる
- ●加工プロセスは3つの視点で選定

図1 加工プロセスの分類

金属 ▶ 金属製品

形状・機能
加工

1次加工：金属塊、粉末、板、条、管、棒、線などの金属素材を作る

| 溶解 | 鋳造 | 圧延 | 押出 | 伸線・引抜 |

2次加工：1次加工で得られた金属素材を金属製品に仕上げる

| プレス | 接合 | 切削 | 粉末冶金 | 熱処理 |
| 表面処理 |

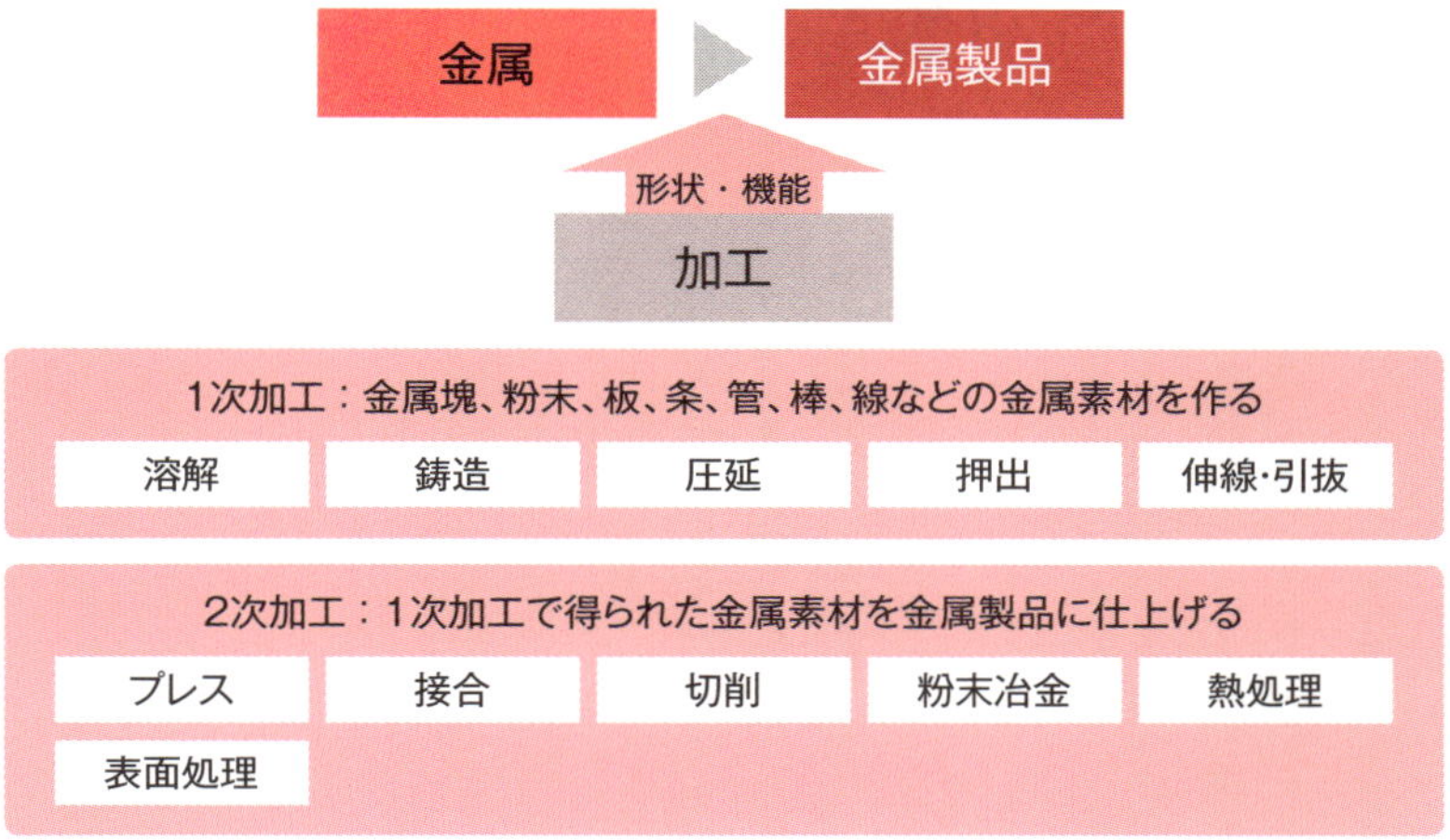

表 加工プロセス選定

加工プロセス	普通鋼	特殊鋼	ステンレス鋼	鋳鉄	銅および銅合金	アルミニウムおよびアルミニウム合金	マグネシウムおよびマグネシウム合金	チタンおよびチタン合金	ニッケルおよびニッケル合金
砂型鋳造	○	○	○	○	○	○	○	△	○
ダイカスト	×	×	×	×	△	○	○	×	×
押出加工（熱間）	○	△	△	×	○	○	○	△	×
プレス加工（冷間）	○	○	○	×	○	○	△	△	△
切削加工	○	○	○	○	○	○	○	△	△
粉末冶金加工	○	○	○	×	○	○	○	△	○

図2 金属スプーンの加工方法

鋳造加工

溶かしたアルミニウム合金をスプーン形状の型に注ぎ込む鋳造加工

圧延加工 ＋ プレス加工

ステンレス鋼の鋳塊を圧延加工し、得られた板材をプレス加工

金属スプーン

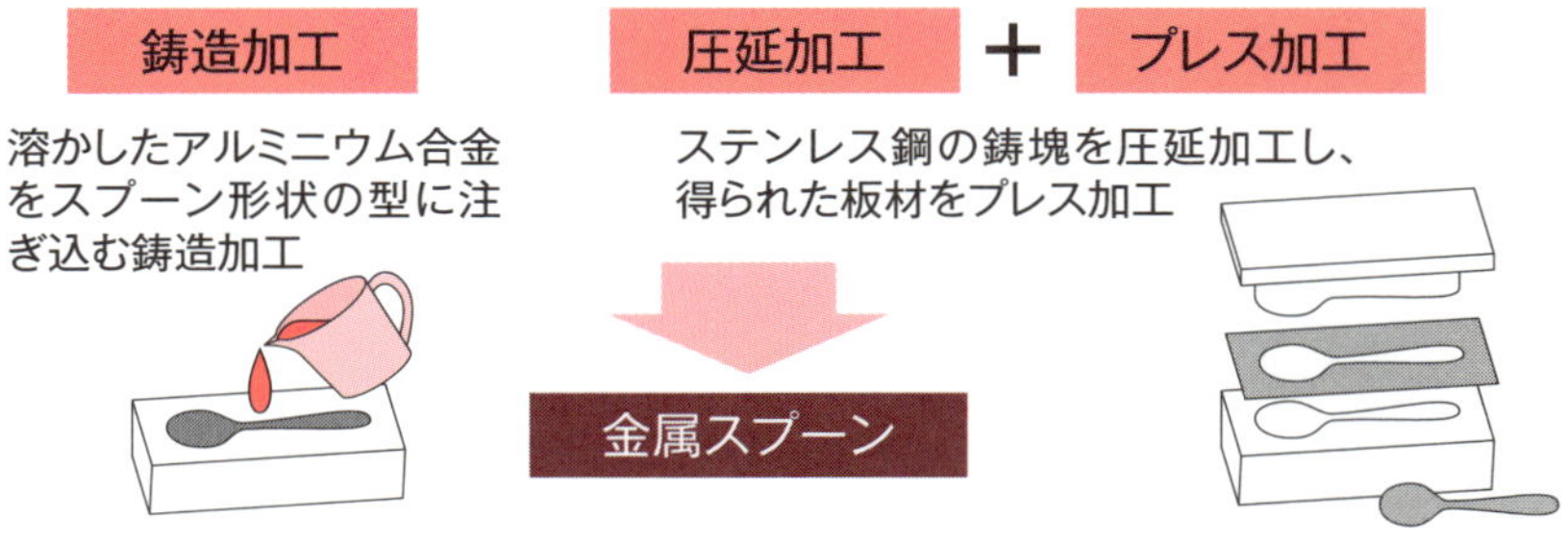

35 溶解炉で融点以上に加熱して溶かす

溶解加工

　物質は、温度と圧力によって液体、固体、気体の3つの状態に変化します（**図1**）。例えば、水は低温から高温の順に、固体である氷から液体である水、更に気体の水蒸気へと変化します。金属も水と同じで、固体の金属を加熱すると液体の金属に、さらに加熱すると液体の金属は気体の金属へと変化するのです。固体から液体に変化する温度を融点と呼び、金属を融点以上に加熱すると固体から液体になります。金属を固体から液体に変化させる加工プロセスは溶解加工、溶けた金属は溶湯、金属を溶かす装置は溶解炉とそれぞれ呼びます。

　溶解炉は、重油もしくはガス燃焼による坩堝炉《るつぼろ》やシャフト炉、金属に流れる誘導電流による加熱を利用した誘導炉、黒鉛電極と金属との間に発生するアーク放電の熱を利用したアーク炉に大別されます（**図2**）。金属を溶かすには、多くの熱を金属に与えて融点以上の温度に上げる必要があるため、重油もしくはガス燃焼による間接加熱より、効率の良い電磁誘導を活用して金属自体に電流を発生させて加熱する誘導炉を使用する場合が多いです。誘導炉は、使用する電源の周波数が50～60 Hzの低周波誘導炉と、100～1000 Hzの高周波誘導炉の2種類があります。また、溶解時に酸素などによる酸化やガス混入を避けたい場合は、真空中で溶解する真空溶解炉が使用されます。

　溶解炉で溶解する金属の原材料を地金、あるいはインゴットと呼び、製錬された純度が高い1次地金、金属スクラップを再生した2次地金があります。また、金属に他の金属を添加して合金をつくる時に酸化や蒸発を防止するため、所定の比率で合金となった母合金も溶解原材料として使用されます。各金属およびその合金の融点を表に示します。金属の融点が高いと、溶解時に特殊な坩堝や耐火材が必要となり、また必要な熱エネルギーも高くなってしまいます。

要点BOX

- ●物質は固体、液体、気体の3状態に変化
- ●熱を金属に与えて融点以上の温度に上げる
- ●溶解原材料は1次地金とスクラップ

図1　水の状態変化

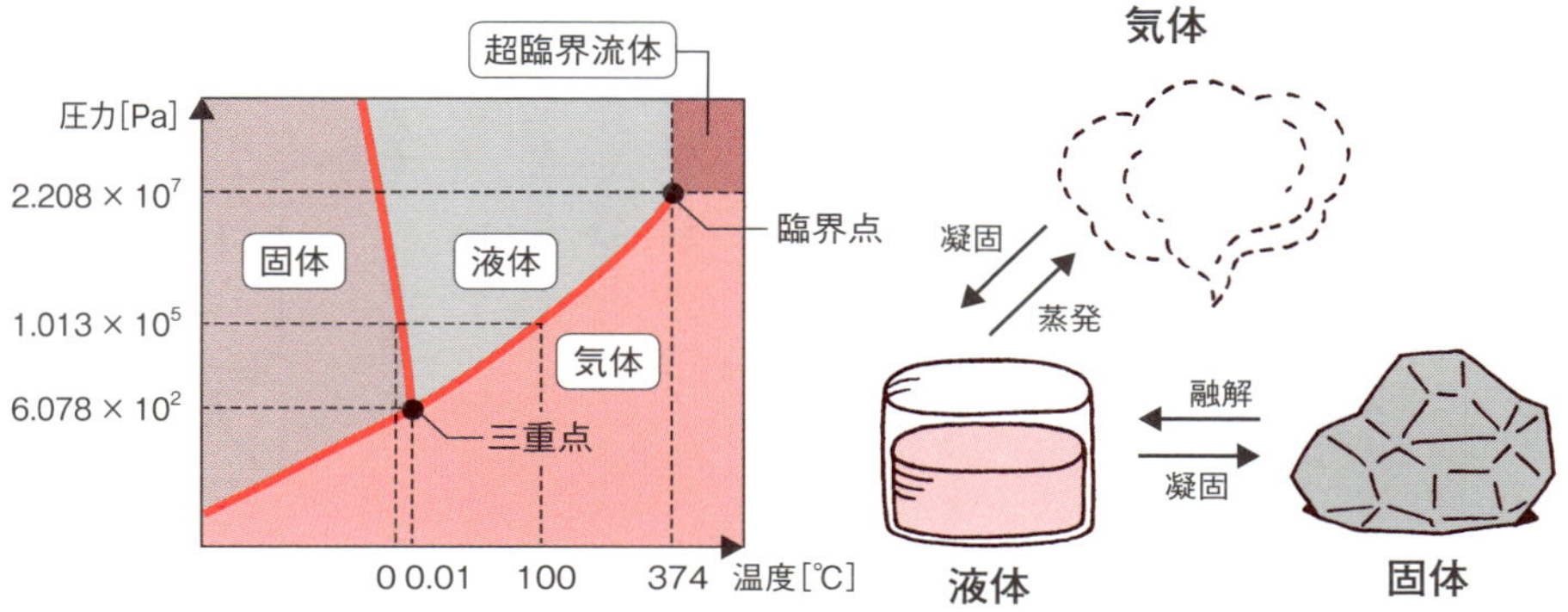

図2　溶解炉の分類

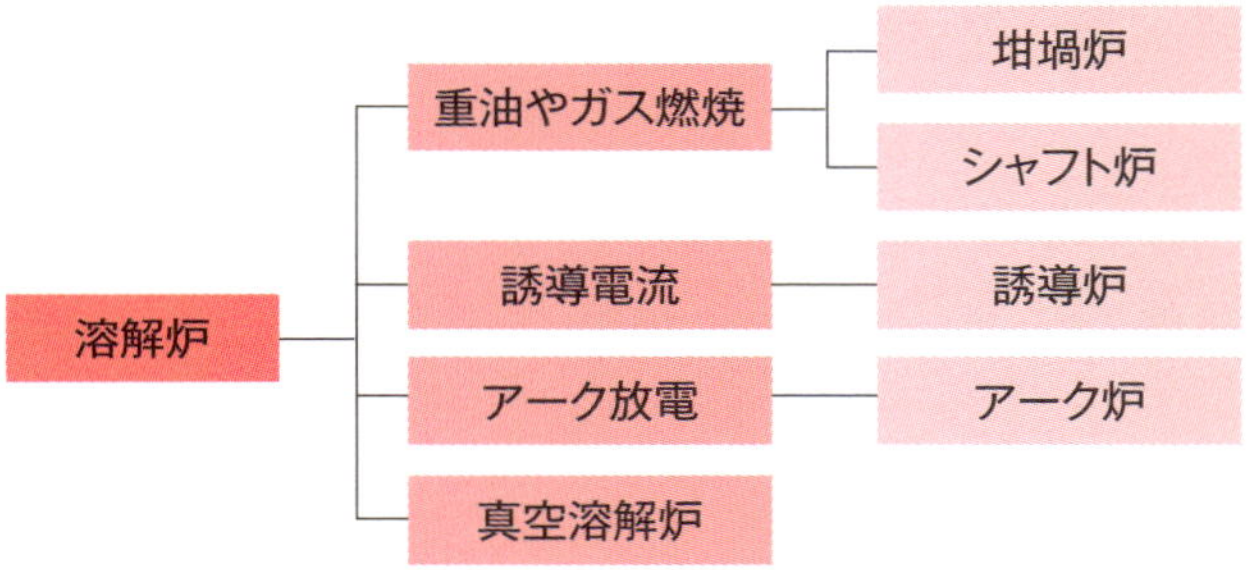

表　金属の融点

種類		融点(℃)※
鉄(Fe)		1536
銅(Cu)		1083
銅合金	C2400	1000
	C2680	930
アルミニウム(Al)		660
アルミニウム合金	A5052	649
	A6061	652
マグネシウム(Mg)		649
チタン(Ti)		1667
亜鉛(Zn)		420
錫(Sn)		232
金(Au)		1063

※合金の場合は、液相線温度

36 溶けた金属を型に流し込んで冷却して固める

鋳造加工

溶解炉で溶かした溶湯を鋳型と呼ばれる型に流し込んで、その後、冷却して液体の金属を固めて固体の金属を得る加工プロセスを鋳造加工、溶湯を冷却して固めることを凝固と呼びます。鋳造加工は、使用する型の種類や鋳造方法によって分類されています（図）。

鋳造加工はバッチ式と連続式に大別でき、バッチ式の鋳造として、砂で作った鋳型を用いる砂型鋳造法、金属の鋳型を用いる重力金型鋳造法や低圧鋳造法、溶湯を精密な金属の鋳型に圧入するダイカスト法、模型にロウを使用する精密鋳造法、遠心力を利用した遠心鋳造法、連続式の鋳造として長尺の金属を得る連続鋳造法があります。

表に、それぞれのバッチ式鋳造法に用いる金属材料および用途を示します。バッチ式鋳造法によって得られた金属製品を鋳物と呼び、鋳物はシリンダーブロックなどの自動車用エンジン部品、門扉やマンホール蓋などの景観商品、日用品など多方面に使用されています。

連続鋳造法は、溶けた金属を穴の開いた鋳型に連続的に注ぎ続けて、凝固した固体の金属を引き抜いて、正方形、長方形、円形などの単純な断面形状の長尺の鋳塊を得ることができます。連続鋳造法で得られる鋳塊は、直接金属製品となる鋳物とは異なり、後述する圧延や押出などの加工の元材として使用されます。

連続鋳造法を大きく分けると、①鋳塊を下方に引き出す縦型連続鋳造法②水平に引き出す横型連続鋳造法③上方に引き出す上方連続鋳造法の3つがあり、得られた長尺の鋳塊は、その大きさ、用途によってスラブ、ブルーム、ビレットに分けられます。連続鋳造法で製造された鋳塊は、冷却速度や温度勾配が大きいため金属組織が均一です。そのために、引張強度や硬度などの機械的性質が優れています。

要点BOX
- 溶湯を冷却して固めることを凝固
- 使用する型の種類や鋳造方法によって分類
- 鋳造加工はバッチ式と連続式に大別される

図　鋳造加工の分類

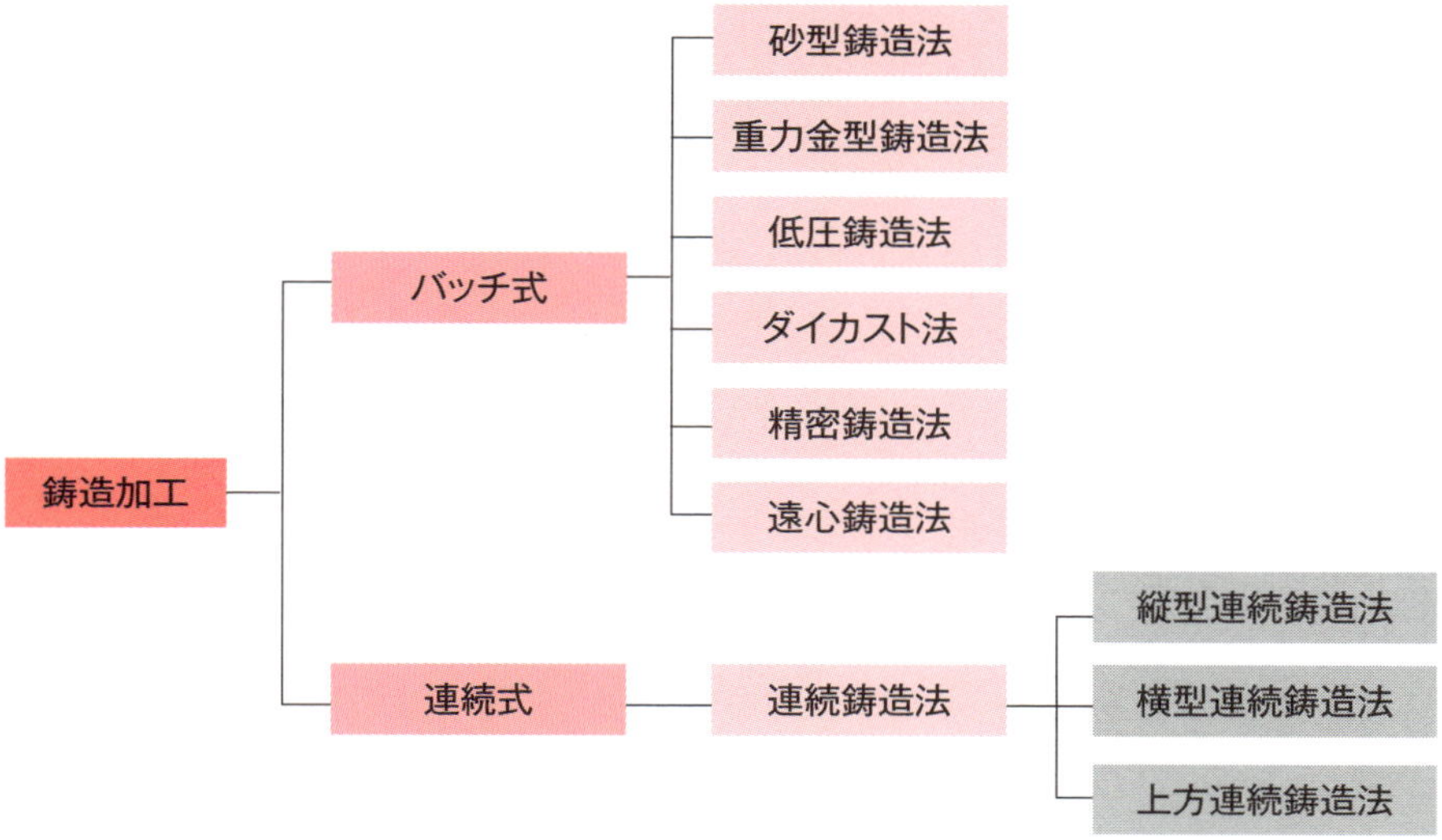

表　バッチ式鋳造法に用いる金属材料および用途

種類	鋳鉄	銅合金	アルミニウム合金	マグネシウム合金	亜鉛合金
砂型鋳造法	・シリンダブロック ・船舶用クランクケース ・モータケース ・街路灯、門扉 ・フェンス ・フライパン、鉄鍋	・船用プロペラ ・バルブ、継手 ・仏像 ・仏具おりん ・鐘	・シリンダブロック ・コンプレッサーカバー ・エクステリア ・門扉	・ジェットエンジン	—
重力金型鋳造法	・ナックルステアリング	—	・ピストン ・船舶エンジン部品 ・産業用ミシンベース ・フライパン、鍋	—	—
低圧鋳造法	—	—	・シリンダヘッド ・ホイール ・織機フランジ	—	—
ダイカスト法	—	・高圧バルブ用リング ・ブレーカー用端子	・シリンダブロック ・ロッカーアーム ・草刈機キャブボディー ・パソコン筐体 ・信号機ケース	・シリンダブロック ・カバー、パネル ・チェーンソー筐体 ・ノートパソコン筐体 ・釣り用リール	・ステアリングロック ・ドアハンドル ・配電盤ハンドル ・カメラ部品 ・オルゴール ・ミニカー

37 回転する2対のロールで金属を引き延ばす

圧延加工

圧延加工とは、うどんやパスタ生地を丸棒で延ばすように、圧延する金属素材の厚みより狭く間隔をセットした回転する2対のロール間に金属素材を通過させて断面積を小さくし、長尺な金属材料を得る加工プロセスです（**図1**）。用いるロールを圧延ロールと呼び、一般的には円筒状と孔型状の2種類があります。円筒状の圧延ロールでは板や条、孔型状の圧延ロールでは異形棒が成形されます（**図2**）。

圧延加工は、圧延時の温度の違いで3種類に分けることができます。具体的には、圧延する金属素材を再結晶温度以上に加熱して圧延加工する熱間圧延と、圧延する金属素材を室温で圧延加工する冷間圧延、圧延する金属素材を室温から再結晶温度までの温度で圧延加工する温間圧延です。

熱間圧延は、鋳造したスラブ、ブルーム、ビレットなどの鋳塊の断面積を小さくさせながら、鋳造組織を均一な再結晶した金属組織に改質する目的で行われます。高温で加工する（**表**）ため、塑性変形に要する荷重は小さくて済みますが、表面に酸化皮膜が発生し、また圧延後の寸法精度もあまり良くありません。

冷間圧延は、断面積を小さくさせながら加工歪の導入により加工硬化で強度を向上させることができ、室温で加工するため、良好な表面状態で、圧延後の寸法精度が優れます。ただし、冷間圧延時には高い荷重が必要で、導入された加工歪が限界値に達すると、圧延材に割れが発生し始めます。

温間圧延は、良好な表面状態と優れた寸法精度という冷間圧延の長所と、小さな圧延荷重といった熱間圧延の長所をそれぞれ活かした加工プロセスです。具体的には、室温では硬く、延性が低い金属を室温から再結晶温度までの温度に加熱・圧延し、低い圧延荷重で寸法精度が高い圧延材を得ることができます。

一般的に、鉄鋼やアルミニウム、銅合金の板や条の製造に熱間圧延と冷間圧延が用いられています。

要点BOX
- ●圧延ロールは円筒状と孔型状の2種類
- ●熱間、冷間、温間は温度の違い
- ●鉄鋼と非鉄金属の板・条の製造に利用

図1　圧延加工

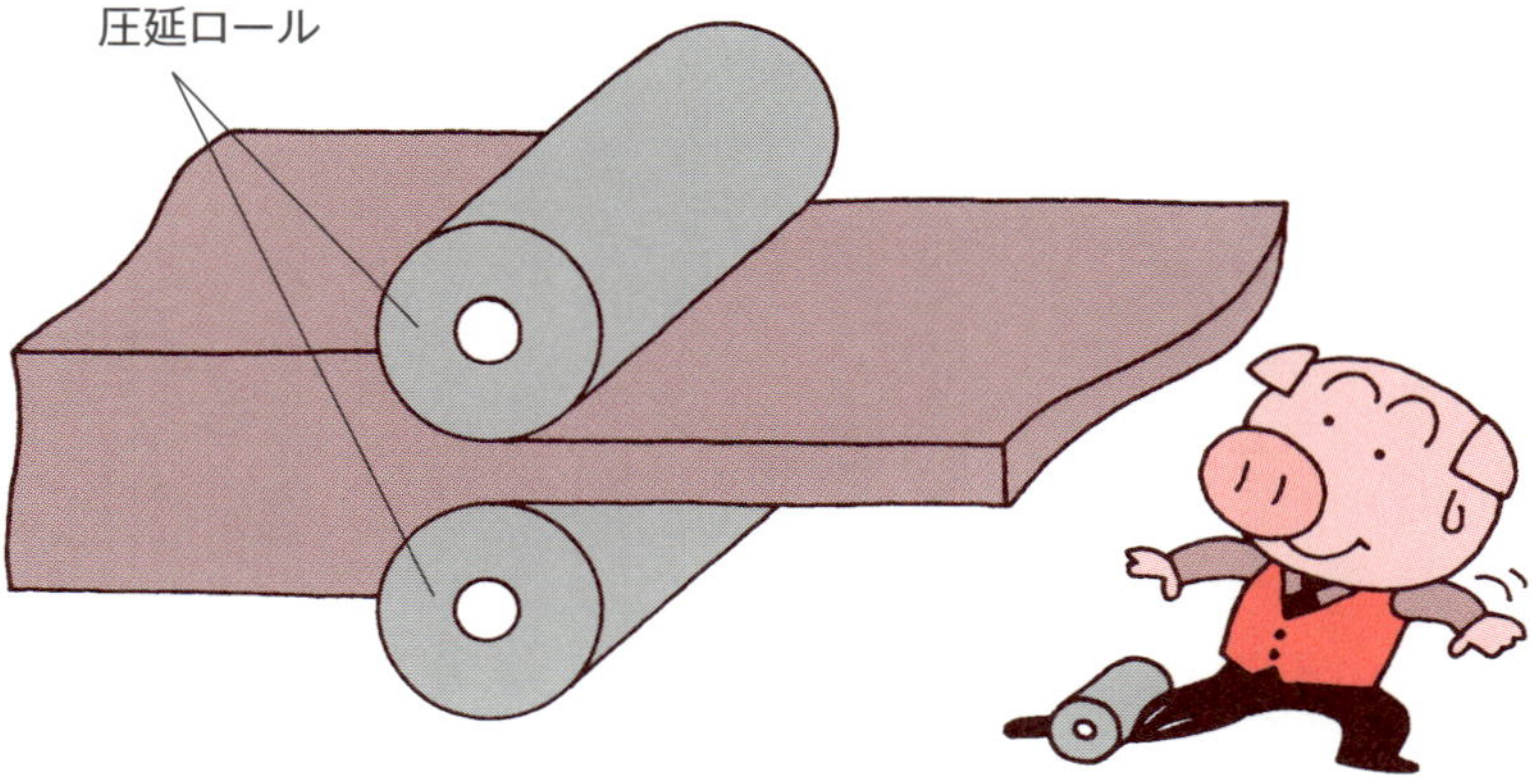

図2　圧延加工の分類

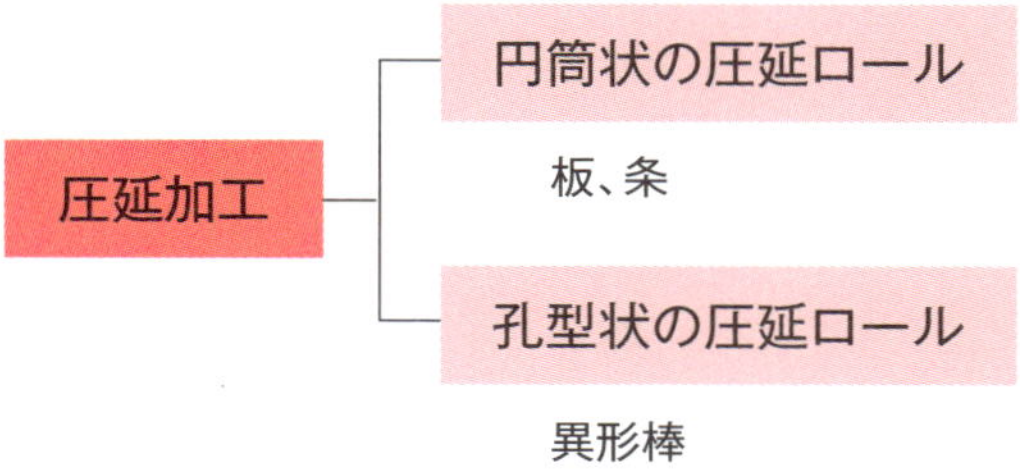

表　金属材料の熱間圧延温度

種類	熱間圧延温度（℃）
普通鋼	900～1100
銅合金	700～1000
アルミニウム合金	400～600
チタン合金	800～900

38 金型から押出して様々な断面形状の長尺金属を得る

押出加工

押出加工は、加熱した金属素材のビレットを、コンテナと呼ばれる容器に挿入し、ステムを使ってビレットに圧力を加えて、ダイスと呼ばれる押出材の断面形状に型彫された金型を通して金属材料を流出させて、棒、線、管などの様々な断面形状の長尺な金属を作製する加工プロセスです。押出は、ところてんの製法に例えられますが、当初は食材のマカロニの製造から始まったようで、金属材料の加工に用いられるようになったのは18世紀後半の鉛管の製造が最初です。その後、錫、亜鉛、銅、アルミニウムの加工方法へと展開されました。

金属の押出加工の特徴は、①複雑な断面形状の長尺材を得られる②圧縮応力下での加工のため、延性の少ない金属に適用しやすい③微細な金属組織に変更することが可能の3点です。ただし、1回の押出量および押出速度に制限があるといったデメリットもあります。

押出加工は、大きく分けて直接押出法と間接押出法の2種類です（**図1**）。直接押出法は、最も一般的な押出法で、コンテナに加熱したビレットを装着し、ステムを使用してダイス方向に圧縮して押出します。コンテナとビレットとの間の摩擦力によって、押出時に大きな圧力が必要です。間接押出法は、コンテナに加熱したビレットを装着し、中空構造になったダイスをビレットに接触させた後に、コンテナを動かすことにより押出します。コンテナとビレット間に摩擦力が生じないため、直接押出法と比べて小さい押出圧力での加工が可能です。

また、押出加工は、金属を再結晶温度以上に加熱して押出加工する熱間押出と、金属を室温で押出加工する冷間押出の2種類に分けられます（**図2**）。押出温度は、表に示すように、金属によって異なります。

要点BOX
- 直接押出法と間接押出法の2種類
- 再結晶温度以上に加熱する熱間押出
- 室温で押出加工する冷間押出

図1　押出加工

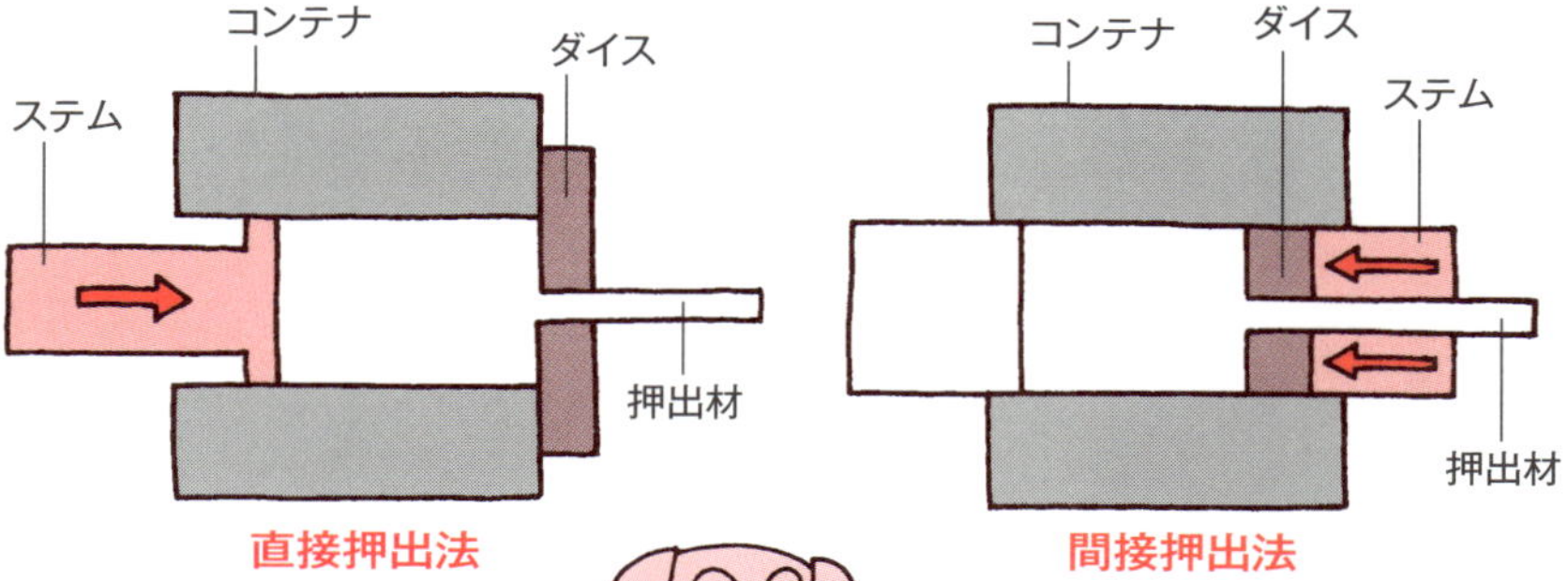

図2　押出加工の分類

- 押出加工
  - 熱間押出
    金属を再結晶温度以上に加熱して押出加工
    （普通鋼、銅合金、アルミニウム合金、マグネシウム合金、チタン合金）
  - 冷間押出
    金属を室温で押出加工
    （鉛、錫）

表　押出温度

種類	熱間押出温度（℃）
普通鋼	1100～1200
銅合金	700～1000
アルミニウム合金	400～550
チタン合金	700～1000

39 金型から引抜いて様々な断面形状の長尺金属を得る

伸線・引抜き加工

伸線・引抜き加工とは、形状が付与された穴ダイスと呼ばれる金型から、押出や圧延で加工された管、棒、線などの金属素材を引抜いて、金属に穴ダイス形状を付与する加工プロセスです（図1）。その歴史は古く、紀元後200年頃のローマ植民地時代に使用された穴ダイスも発掘されています。伸線・引抜きは一般的に室温で数回から数十回繰り返して加工し、その加工材は、加工硬化により強度を向上させることが可能で、その表面状態や寸法精度は優れています。

伸線・引抜き加工装置を大別すると、①コイル材を連続に加工する伸線機②直線状に引き抜いてバー材を加工する抽伸機の2つです（図2）。伸線機は、1段で加工する単頭伸線機と、単頭伸線機を連続的に並べて多段で加工する連続式伸線機の2種類があります。抽伸機は、ドローベンチとも呼ばれ、金属素材を穴ダイスに通して直線状に引抜く構造です。

伸線・引抜き加工に使用する穴ダイスは、その材質によって加工速度の高速化や加工材の品質に大きく影響します。具体的には、工具鋼や超硬合金、人工ダイヤモンドなどの耐摩耗性に優れた材料が使用されます。また、伸線・引抜き加工時の金属素材の塑性変形を容易にし、摩擦による発熱を抑えるために、湿式、あるいは乾式の2種類の潤滑を用いて、金属素材と穴ダイス間に潤滑被膜を形成させます。

特殊な伸線・引抜き加工として、1対の孔型ロールを通すローラーダイス加工（図3）や、穴ダイスを用いずに金属素材を加熱しながら引張ることによって径を細くするダイスレス加工などがあります。

社会インフラの至るところで活躍する電線や、精密金型を加工するワイヤー放電加工に用いる極細ワイヤーは、伸線加工によって所定の線径に加工されています。

要点BOX
- 加工装置は伸線機と抽伸機
- 耐摩耗性に優れた穴ダイス材料
- 特殊なローラーダイス加工とダイスレス加工

図1　伸線・引抜き加工

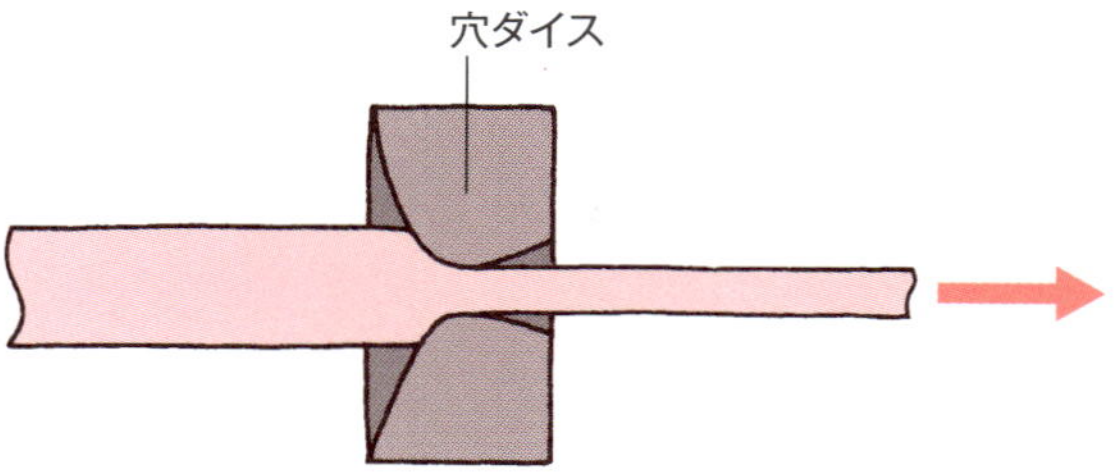

図2　伸線・引抜き加工装置

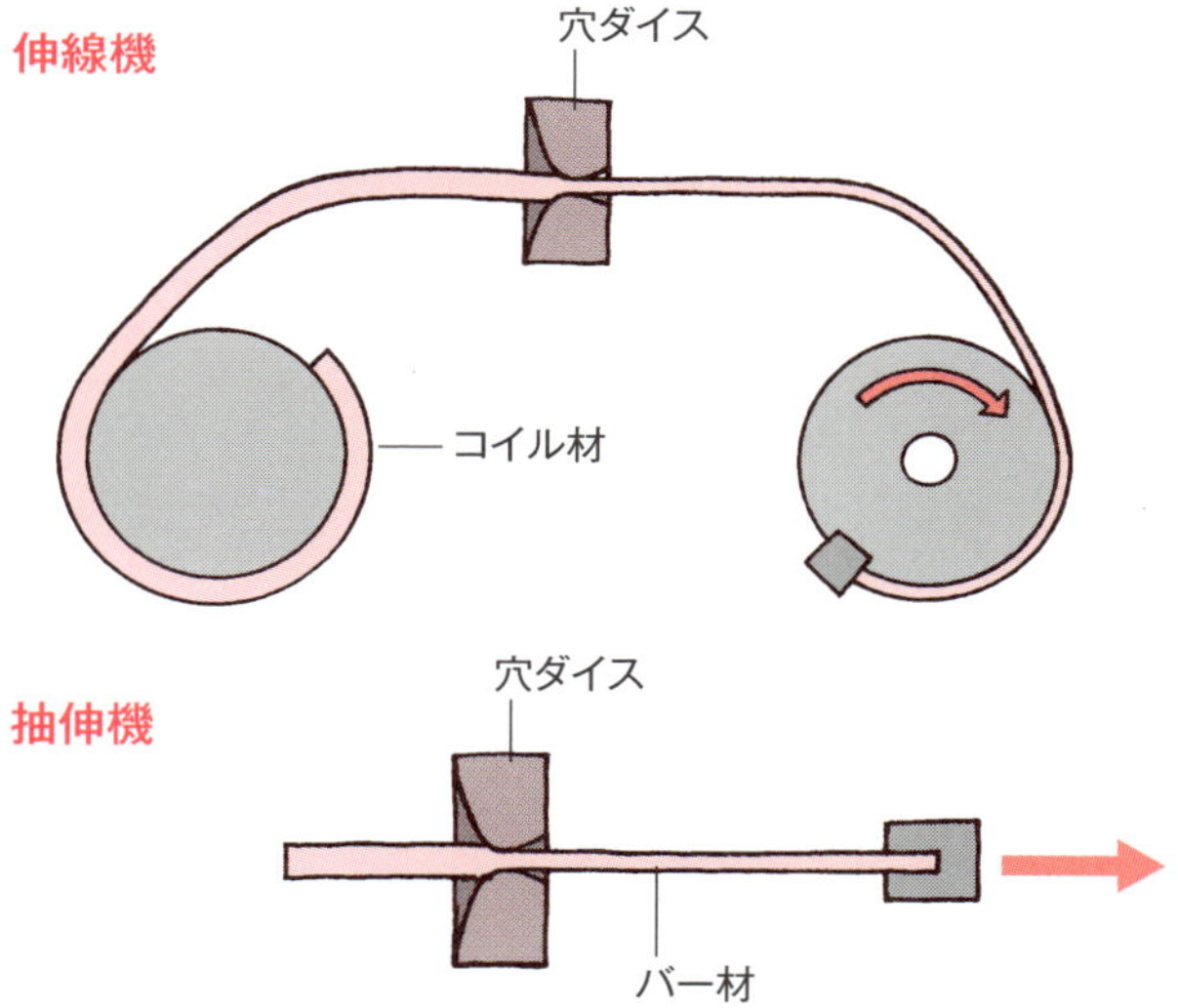

図3　ローラーダイス加工

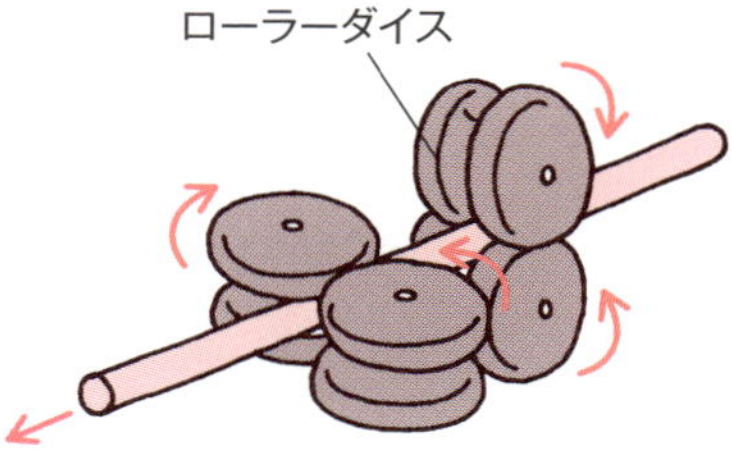

40 プレス機を用いて塑性加工する

プレス加工とは、油などの液圧や機械式駆動によって荷重を発生させるプレス機を用いた金属素材の塑性加工の総称です。プレス加工は、金属素材の種類によって、板状金属を加工する板金プレス加工、塊状金属を加工する鍛造プレス加工、粉末金属を加工する粉末プレス加工の3種類に分けられます（図1）。なお、鍛造加工をプレス加工に含めずに、単独の加工プロセスと位置付ける場合もあります。

板金プレス加工は、板状の金属素材に形状付与する加工方法で、一般的には冷間で行われます。鍛造プレス加工は、塊状金属を圧縮または打撃して、金属組織改善を目的とした鍛錬と形状を付与する加工方法で、熱間、温間、冷間の各種温度で行われます。粉末プレス加工は、金属粉末を均一な密度に押し固める加工方法で、粉末冶金加工における混合した粉末を金型に充填して冷間で加圧し、最終形状に近い形状に仮成形する際に使用され、次工程の焼結を省略できる熱間で加圧し、成形する場合もあります。

プレス加工で各種形状の金属に施される加工を大別すると、せん断、曲げ、絞り・張出し、圧縮の4つに分類されます。せん断加工は、上下金型を用いて金属に対してせん断力を作用させて、塑性変形させた後に、金属を破壊させて切断するプレス加工です（図2）。曲げ加工は、上下金型を用いて金属に曲げ形状を付与するプレス加工で、側面から見た形状をアルファベットに対応させて、V曲げ、L曲げ、U曲げの3種類の曲げ加工があります（図3）。絞り・張出し加工は、形状が凹凸で対になった上下金型を用いて、円筒、角筒、円錐などの継ぎ目のない中空のくぼみを持つ形状を付与する成形方法です（図4）。

最近、板状の金属素材を成形する板金プレス加工と、塊状を圧縮または打撃する鍛造プレス加工を組み合わせた板鍛造加工が注目されています。

プレス加工

要点BOX

- ●プレス機を用いた金属素材の塑性加工の総称
- ●板金、鍛造、粉末プレス加工に分類
- ●せん断、曲げ、絞り・張出し、圧縮の4種類

図1　プレス加工の分類

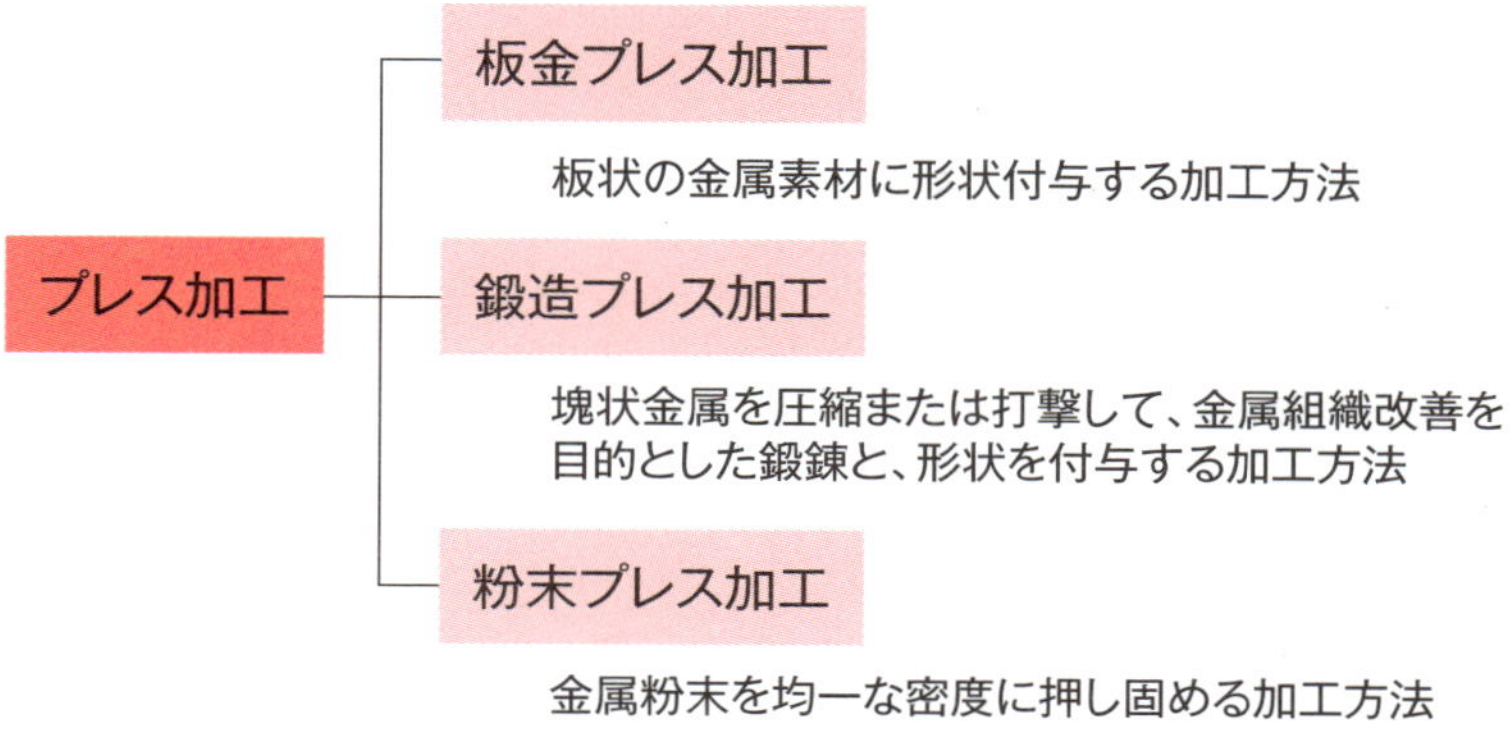

図2　せん断加工の成形過程

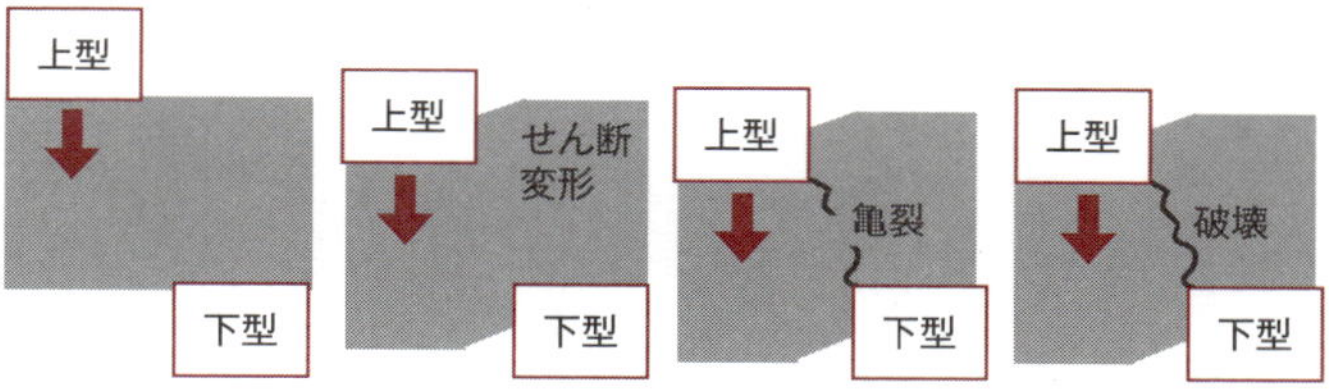

図3　曲げ加工

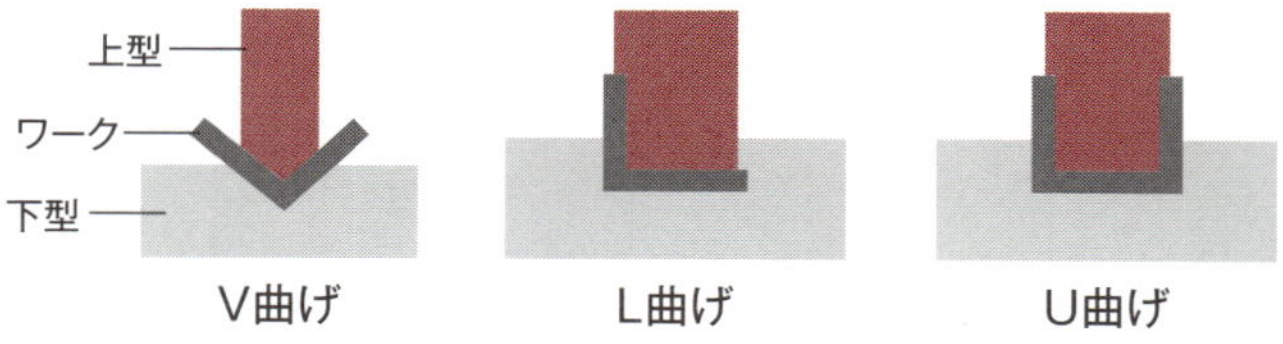

図4　絞り・張出し加工

41 継ぎ目のない中空のくぼみ形状を金属に付与する

絞り・張出し加工

絞り・張出し加工は、板状の金属素材に形状付与する板金プレス加工の1種で、形状が凹凸で対になった上下の金型を用いて、板状の金属素材に紳士用帽子のシルクハットのような円筒、角筒、円錐などの継ぎ目のない中空のくぼみを持つ形状を付与する加工プロセスです（**図**）。

絞り加工と張出し加工の違いは、くぼみ成形の周囲にある材料の拘束有無の違いです。具体的には、絞り加工はくぼみ部への材料移動を伴うのに対して、張出し加工は材料を拘束してくぼみへの材料移動を伴わない加工プロセスです。

絞り加工は、凸形状の上型が凹形状の下型に押し込まれるのに連動して、材料は凹形状の下型へと順次引き寄せられるため、成形過程において材料は連続的に供給され、深い容器の成形が可能です。張出し加工は、風船を膨らますように、しわ抑え板によって材料が拘束されているため、凸形状の上型が凹形状の下型に押し込まれる過程で材料は供給されず、製品曲面部の板厚は元の金属素材より薄くなり、絞り加工ほど深い容器の成形はできません。

このようなくぼみ成形の周囲にある材料の拘束有無に違いのある絞り加工と張出し加工では、使用する金属素材に求められる特性も異なります。

絞り加工では、引張応力が加わった時の幅方向と板厚方向の板厚減少の比率で表わされるランクフォード値の大きい金属素材が適しています。ランクフォード値はr値と呼ばれます（**表**）。

$r = \ln(W / W_0) / \ln(t / t_0)$

なお、W_0とt_0はそれぞれ試験片の幅、厚さで、Wとtは引張りによって歪を与えた後の試験片の幅、厚さです。一方、張出し加工は、塑性変形が材料の局部で発生し難く、均一な塑性変形を起こしやすい材料が適しています。その材料指標は、n値と呼ばれる加工硬化指数が大きい材料が当てはまります。

要点BOX
- 絞り加工はくぼみへの材料移動を伴う
- 張出し加工はくぼみへの材料移動を伴わない
- ランクフォード値と加工硬化指数

図　絞り・張出し加工

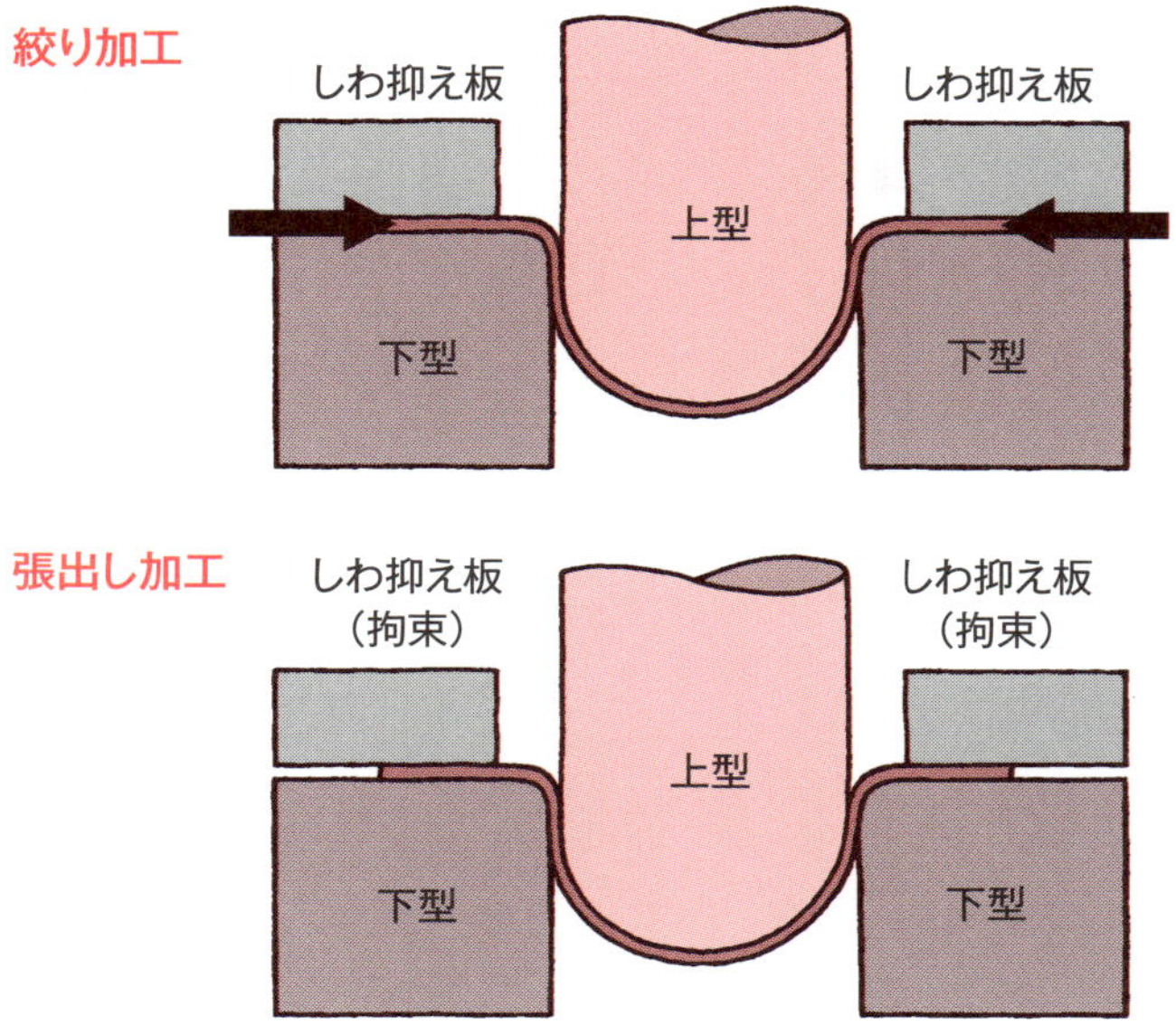

表　代表的な金属素材のr値

種類		r値		
		圧延方向	圧延方向に45°	圧延方向に90°
ステンレス鋼	SUS304	0.98	1.10	0.96
	SUS430	1.08	0.97	1.96
銅・銅合金	C1020	0.90	0.94	0.77
	C2300	0.97	0.88	0.82
	C2800	0.82	0.93	0.81
チタン	JIS1種	2.70	4.44	6.74
	JIS2種	3.50	5.02	7.25

42 加熱・冷却して金属の特性を向上させる

工業的に使用される金属のほとんどは、加熱と冷却の操作によって金属組織を調整して強度や延性などの特性向上や異なる特性を発揮させています。この加熱と冷却の加工プロセスを熱処理加工と呼び、通常、熱処理加工は熱処理炉と呼ばれる加熱炉で処理されます。

熱処理加工は様々な金属で行われ、鉄鋼と非鉄金属の熱処理についてまとめると**表1**の通りです。炭素鋼や合金鋼の熱処理加工を大別すると、オーステナイト化温度以上に加熱し急冷する焼入れ、焼入れ鋼を加熱し空冷する焼戻し、オーステナイト化温度以上に加熱後に空冷する焼ならし、オーステナイト化温度以上に加熱後にゆっくりと空冷する焼なましがあります。鉄鋼の場合、一連の焼入れ・焼戻しの熱処理加工を調質と呼びます。これらの熱処理加工の温度と時間の関係を、**図**に模式的に示します。

一方、アルミニウム合金や銅合金などの非鉄金属の熱処理加工は、塑性加工により導入した加工歪の除去や再結晶組織へ変化させる焼鈍《しょうどん》、合金元素を均一にする溶体化処理、母相とは異なる化合物相を析出させる時効処理が一般的です。高温に保持したのち徐冷する熱処理加工を鋼材では焼なましと呼びますが、非鉄金属の場合は焼鈍と呼ばれています。

また、時効処理前の過飽和固溶体を形成させるために溶体化処理後に急冷することを、焼入れと呼びます。**表2**に、代表的な銅合金とアルミニウム合金の熱処理条件を示します。

ベリリウム銅は、Cu-Be系の析出硬化型銅合金で、銅合金の中で最高レベルの強度を有します。775~800℃に加熱後急冷し、300~330℃で1~3時間の時効熱処理を施すと、高強度ばね材として優れた特性を示します。

要点BOX

- 金属組織を調整して特性を向上させる
- 熱処理加工は様々な金属で行われる
- 化合物相を析出させる時効処理

表1　鉄鋼と非鉄金属の熱処理

材質	熱処理名称	目的	内容
炭素鋼・合金鋼	焼入れ	・鋼材の硬化	オーステナイト化温度以上に加熱･急冷する
	焼戻し	・焼入れ鋼のじん性向上	焼入れ後に再び加熱し、空冷する
	焼ならし	・金属組織均一化 ・機械的性質の向上	オーステナイト化温度以上に加熱後、大気中に放冷する
ステンレス鋼 非鉄金属	焼なまし 焼鈍	・加工歪の除去 ・冷間加工性向上	高温に保持したのち徐冷する
	溶体化処理 固溶化熱処理	・均一な固溶体の形成	固溶体が形成される高温域での加熱
	時効処理 析出硬化処理	・析出硬化	溶体化処理後に急冷した後、室温保持、あるいは加熱保持する

図　熱処理加工の温度と時間の関係

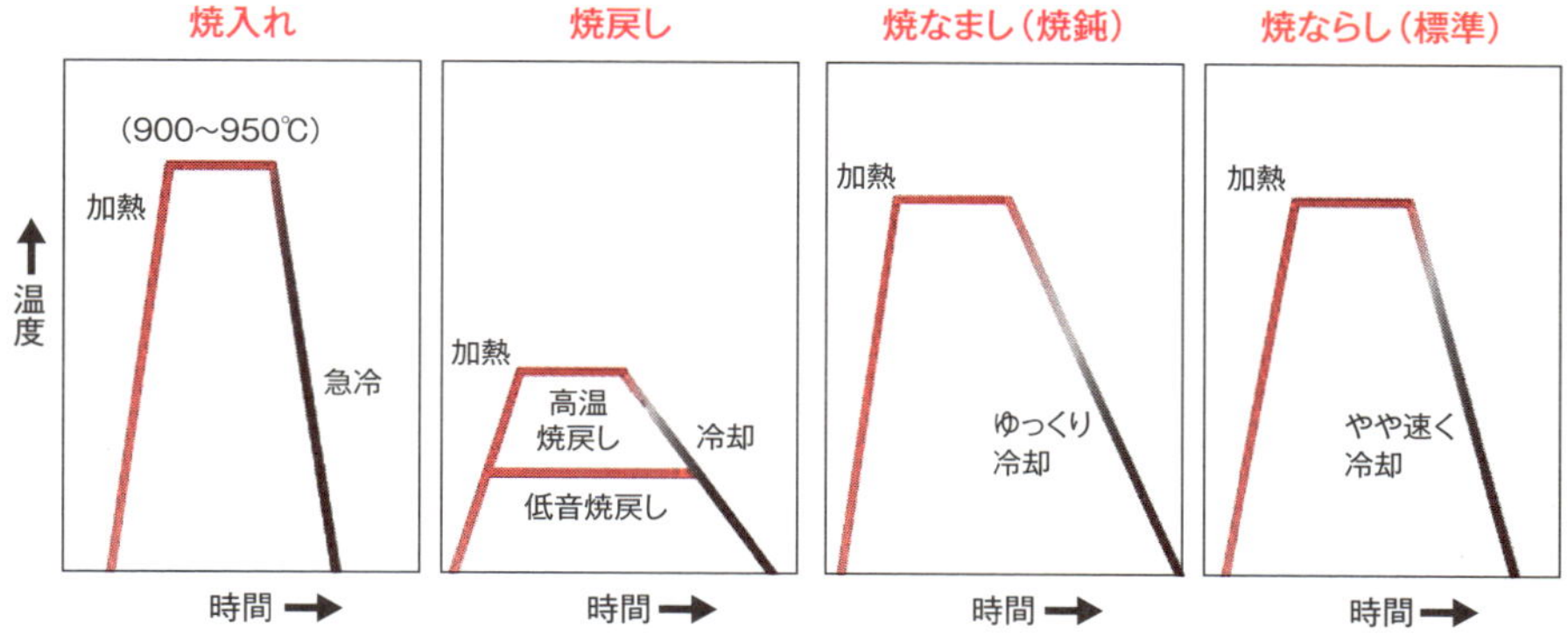

表2　アルミニウム合金と銅合金の熱処理条件

種類		JIS	質別	焼鈍	溶体化	時効処理
銅合金	丹銅3種	C2300	O	425~725℃	—	—
	黄銅3種	C2800	O	425~600℃	—	—
	ベリリウム銅	C1700	—	—	775~800℃ 1/2~3h	300~330℃ 1~3h
アルミニウム合金	Al-Cu合金	A2011	T3	—	505~530℃	—
	Al-Mg合金	A5052	O	345℃	—	—
	Al-Mg-Si合金	A6061	T6	—	515~550℃	155~165℃ 18h

43 2つ以上の金属を一体化させる

接合加工とは、2つ以上の金属をくっ付けて一体化させる加工プロセスで、その種類は、①冶金的接合②機械的接合の2種類に大別できます（図1）。

冶金的接合は、接合させる金属同士を加熱し溶解させた後に冷却し、溶解部分が凝固することにより接合する溶接が一般的です。具体的な溶接方法としては、プロパンガスやアセチレンガスと酸素を混合し燃焼させて得られる高温のガス炎を利用するガス溶接、電極棒と母材の間が電離状態となり発生するアーク放電を利用するアーク溶接などがあります。溶接以外の冶金的接合として、金属同士の表面を密着させて、摩擦や超音波による熱や圧力を加えることで溶解させて接合する圧接や、接合する金属より融点の低い合金を溶かして、接合する金属自体を溶解させずに接合するろう付けがあります。

機械的接合は、リベット（図2）やボルトなどの締結材による接合や、曲げ加工などの塑性変形により一体化させる方法です。機械的接合は、特別な技能を不要とし分解や解体も容易である反面、接合部に段差や凹凸が発生し、冶金的接合に対して応力集中しやすい傾向があります。

新たな接合加工方法に、摩擦撹拌接合があります。これは、1991年にイギリスの溶接研究所が考案した技術です。先端に突起のある円筒状の工具を回転させながら強い力で接合させたい材料に押し付けて貫入させることで、摩擦熱による材料の軟化と、工具の回転力による材料の塑性変形により部材を一体化させる接合法です（図3）。アルミニウム合金を中心に各種車両、船舶、橋梁などの接合に適用されています。

冶金的接合、機械的接合以外の金属の接合加工として、接着剤による接着があります。金属に適した接着剤は、金属と接着させる相手の材質にもよりますが、一般的にはエポキシ樹脂系の接着剤が良いとされています。

要点BOX
- ●冶金的接合は溶解部分の凝固で一体化
- ●機械的接合は塑性変形で一体化
- ●新たな接合加工方法の摩擦撹拌接合

図1　接合加工の分類

- 接合加工
  - 冶金的接合
    - 接合させる金属同士を加熱し溶解させた後に冷却し、溶解部分が凝固することにより接合
  - 機械的接合
    - リベットやボルトなどの締結材による接合や、曲げ加工などの塑性変形により一体化

図2　リベット接合

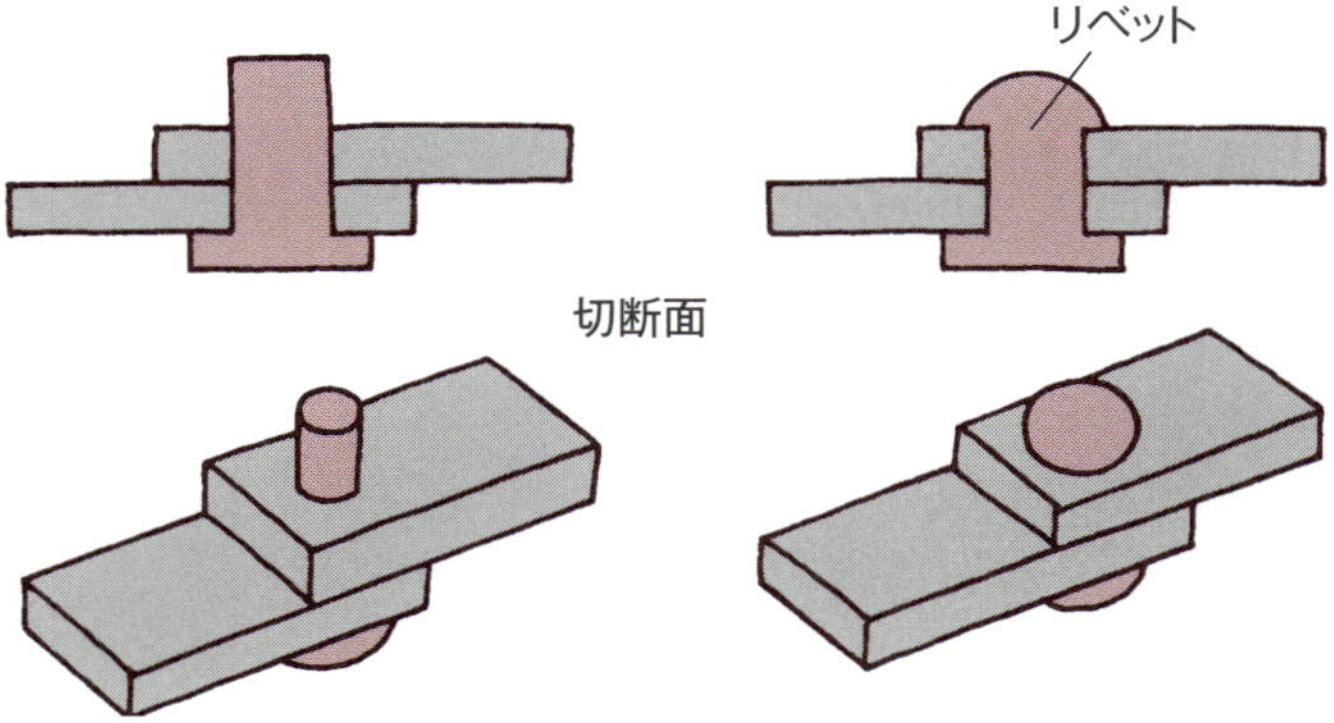

図3　摩擦攪拌接合

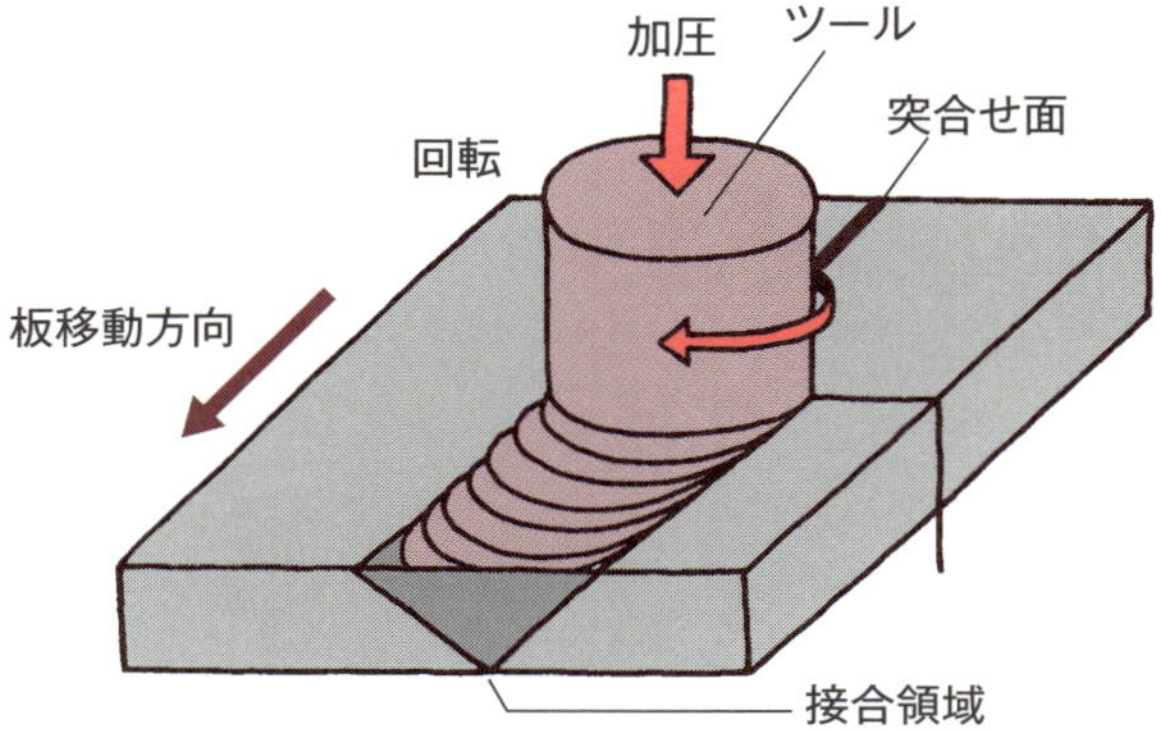

44 工作機械で機械的に除去する

切削・研削加工

機械加工は、工作機械を用いて金属を機械的に除去する加工プロセスです。①金属を工具で削る切削加工と、②砥石を用いて削る研削加工に分類されます。

切削加工はボール盤や旋盤、フライス盤などの工作機械を用いて、金属の不要部分を切り屑として除去して、所用の形状や寸法へと仕上げる加工プロセスです。切削加工に使用する工具や、切削加工時の金属と工具の相対的な動きは、それぞれの工作機械で異なっています。具体的には、ボール盤はドリルと呼ばれる工具を回転させて固定した金属に穴開け加工を行う工作機械、旋盤は回転させる金属にバイトと呼ばれる工具を接触させて金属表面を切削する工作機械、フライス盤は回転させたバイトを移動させて固定した金属表面を切削する工作機械です(**図1**)。

一方、研削加工は、工作機械に研削盤を使います。研削工具である研削砥石を用いて、切削加工より平滑な面を得る加工プロセスです(**図2**)。平板の表面を研削する平面研削、円筒の外面を研削する円筒研削、円筒の内面を研削する内面研削があります。

切削加工性を重視した金属材料の代表的なものとして、銅合金やアルミニウム合金などの非鉄材料の快削合金と、鉄鋼材料の快削鋼があります。これらの共通点は、母相とは異なる鉛などの金属粒子、あるいは化合物が母相に均一分散して、切り屑生成時の破壊起点として作用し、切削仕上げ性と切削屑が分断される切削屑処理性を有しています。

近年、日本における鉛の水質基準が強化されたことから、様々な鉛レス快削黄銅の開発が行われました。鉛レス快削黄銅を大別すると、ビスマス系鉛レス快削黄銅とシリコン系鉛レス快削黄銅に分けられます。前者は、鉛の代わりに0・5～4%のビスマスを添加した黄銅です。一方、後者は、鉛の代わりに2～4%のシリコンを添加した黄銅です。

要点BOX
- ●不要部分を切り屑として除去する
- ●研削砥石を用いて平滑な面を得る
- ●非鉄材料の快削合金と鉄鋼材料の快削鋼

図1　切削加工における工作機械と加工法

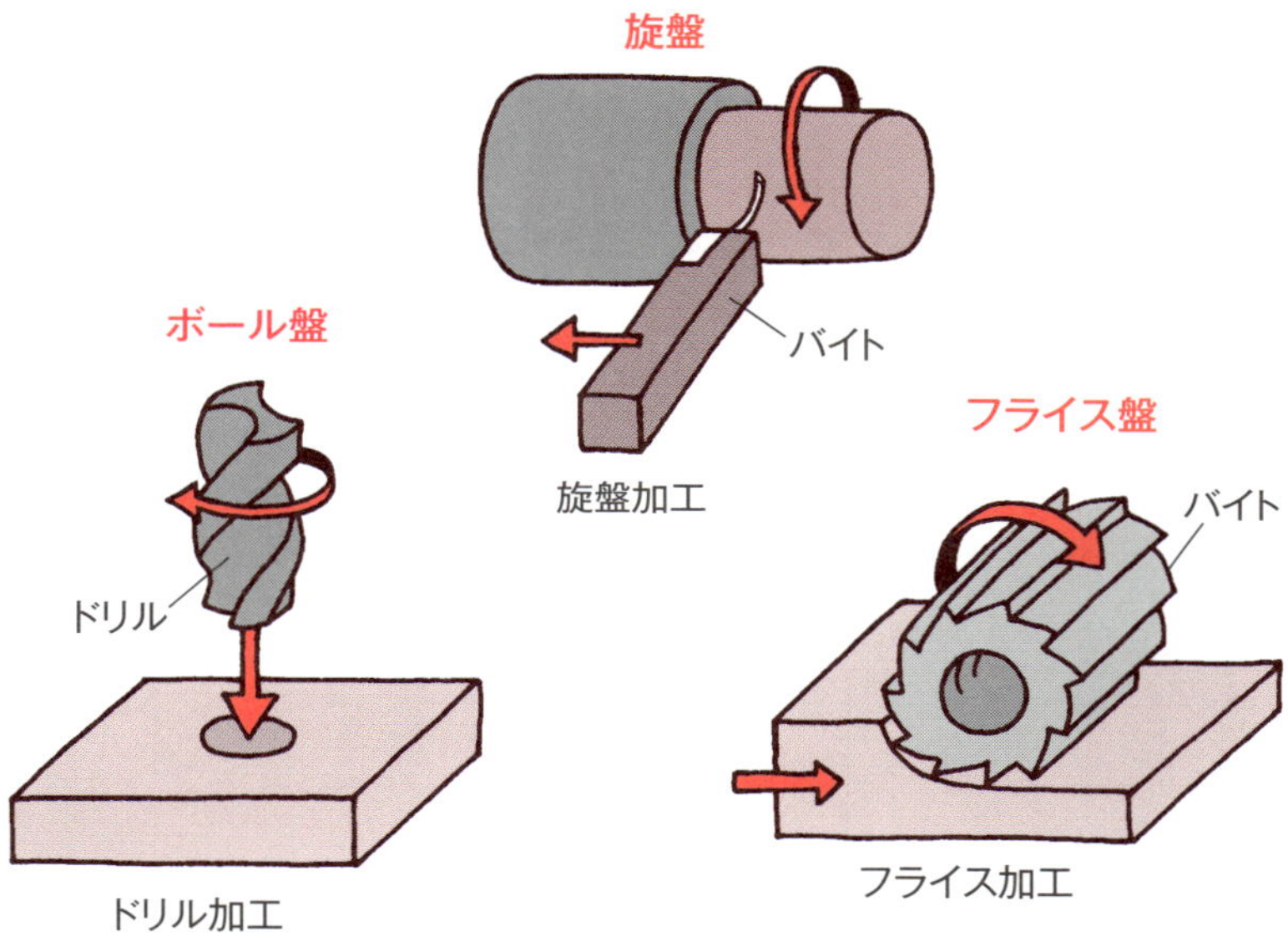

図2　研削加工

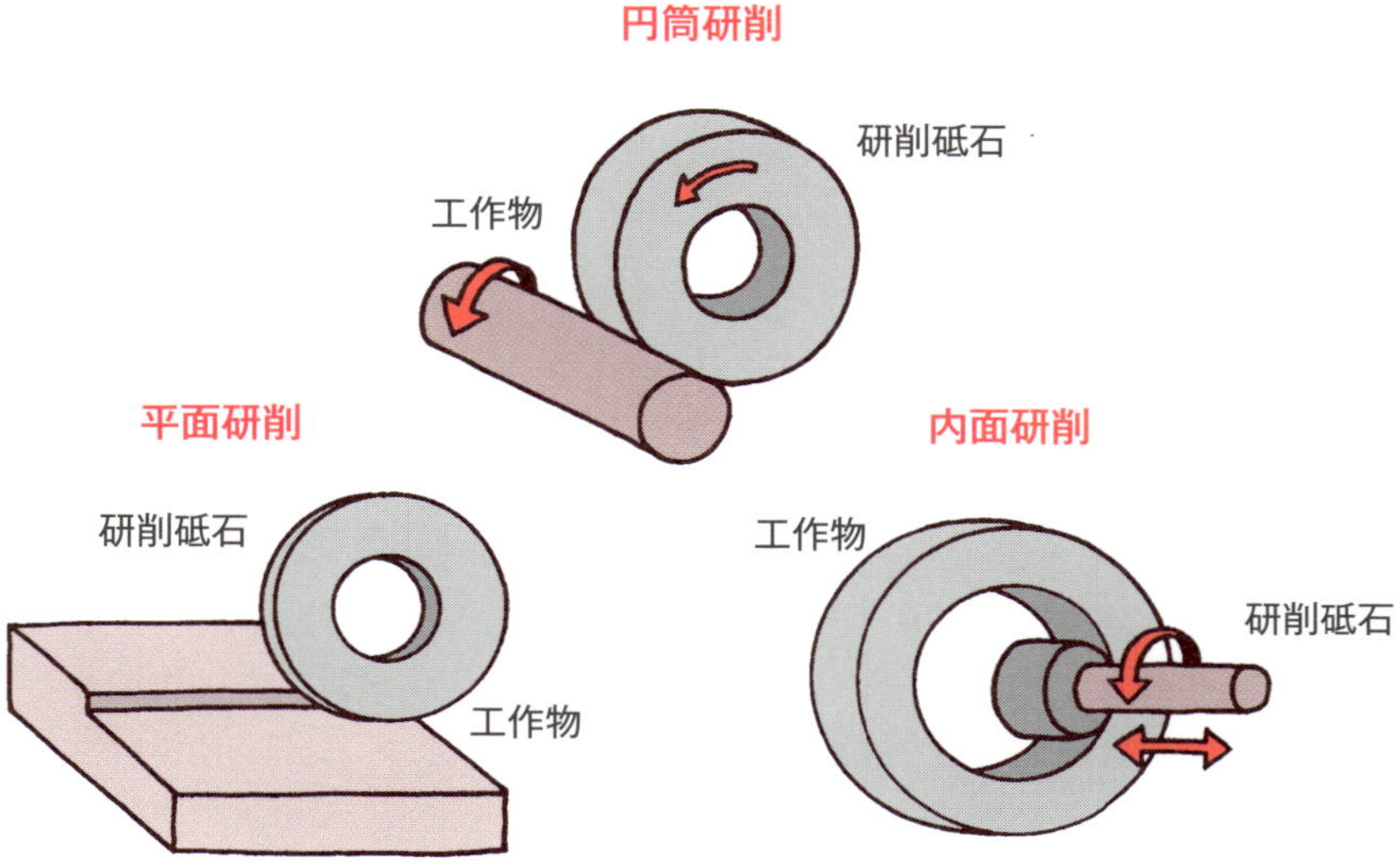

45 金属粉末を元材に使用する

一般的な金属の加工プロセスは、溶解・鋳造加工によって得られた金属素材の鋳塊を加工して金属製品に仕上げるのに対して、粉末冶金加工は、金属粉末を元材に使用する加工プロセスです。①金属粉末の製造②混合③圧縮④焼結の各工程を経て金属製品へと仕上げられます（図）。

金属粉末は、アトマイズなどの溶解法、メカニカルアロイニングなどの機械的粉砕法、酸化物還元や電解による化学反応法のいずれかで製造されます。混合工程では、製造された金属粉末の粒度を調整し、その金属粉末と潤滑剤を混合機で均一に混ぜ合わせます。圧縮工程では、混合した粉末を金型に充填して冷間で加圧し、最終形状に近い形状に仮成形し、圧粉体を成形します。焼結工程では、圧粉体を加熱し、金属粉末同士を結合させます。このことを焼結と呼びます。

粉末冶金加工は、混合した金属粉末を金型に充填・圧縮した圧粉体を成形・加熱し、金属粉末同士を結合させて金属製品に仕上げるため、複雑な形状への対応も可能です。ニアネットシェイプの製品の加工プロセスに適しています。その一方で、金属粉末間に由来する隙間である気孔の残存や、成形品の部位による密度差の存在などの課題もあります。

粉末冶金加工は、融点差が大きく、通常の溶解・鋳造加工では健全な鋳塊が得にくい合金や、タングステン、モリブデン、タンタルなどの高融点金属、超硬合金やサーメットなどの金属とセラミックスの複合材料の加工プロセスに適用されています。

最近、金属3Dプリンタ技術の進化が加速しています。その造形方式は、金属粉末の必要箇所を選択的にレーザ照射して溶融・焼結しながら粉末を供給する、粉末床溶融結合法です。新たな粉末冶金加工プロセスとして期待されます。

粉末冶金加工

要点BOX
- ●圧粉体を加熱し金属粉末同士を結合させる焼結
- ●複雑な形状への対応も可能
- ●気孔の残存や密度差の存在が課題

図　粉末冶金加工

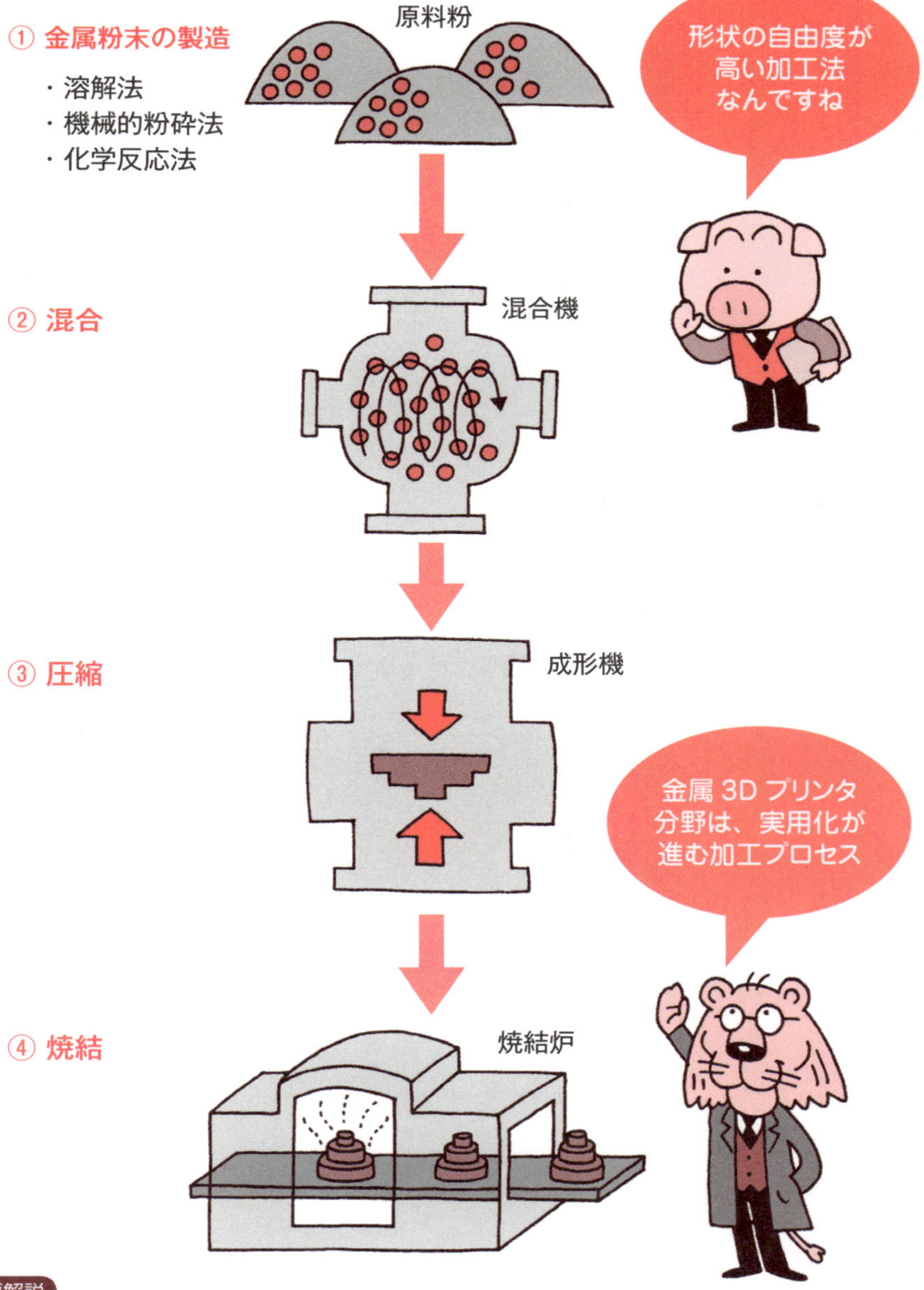

用語解説

ニアネットシェイプ：完成品に近い状態に仕上げること

Column

加工プロセス選定に関する名著

本屋さんの金属加工プロセスの専門書コーナーには、数多くの専門書が並んでいますが、その多くは個別の技術に関するものが多いように思います。これらの書籍は、それぞれの技術を深く学ぶには適していますが、製品要件の軸で加工プロセスを比較した書籍はあまり多くありません。

設計した金属製品を実際の形にするには、寸法や形状、表面粗さなどの製品要件を満たす加工プロセスを選定する必要があります。このような加工プロセス選定に関して書かれている良書をいくつか紹介したいと思います。

まず1冊目の書籍は、内田老鶴圃から出版されている『機械設計のための材料選定』(金子純一、大塚正久訳)です。これは、M.F.Ashby著『Materials Selection in Mechanical Design』の邦訳本です。各種工業材料の様々な物性を縦軸と横軸にとった18種類の材料選定チャートや、寸法や形状、表面粗さなどの製品要件を縦軸と横軸にとった5種類の加工プロセス選定チャートが、様々なケーススタディーと共に紹介されています。設計者が製品設計する際に必要な材料や加工プロセス選定時には大いに役立つ書籍です。

この書籍で紹介されている材料や加工プロセス選定方法はAshby法とも呼ばれています。Ashby法を適用した材料教育も行われています。

もう1冊は、日経BP社から出版された『生産コスト削減のための製品設計』です。これはG.Boothroyd著『Product Design for Manufacture and Assembly』の邦訳本です。製品原価低減のために、生産性と組み立てやすさを設計段階から考慮することの必要性が示されており、組み立て視点や加工プロセス視点からの設計について述べられています。この本は残念ながら絶版のようです。

第6章

表面処理プロセス

46 金属表面に装飾や機能を付与する

金属素材に形状や機能を付与して金属製品に仕上げる場合、装飾性や耐食性、耐摩耗性などの特性を向上させる処理が施されます。金属表面の特性向上を目的とした処理のことを表面処理加工と呼びます。表面処理加工を大別すると、油や錆などの金属表面の不要な付着物を除去することを目的とした前処理と、金属表面に装飾や機能を付与することを目的としためっき、化成処理、陽極酸化、塗装、浸炭・窒化、ショットピーニングに分けられます（図）。

前処理の種類には洗浄、物理研磨、化学研磨があり、それぞれ洗浄剤、物理的衝撃、化学反応を利用して金属表面の不要な付着物を除去します（47項）。前処理はその後の表面加工処理の品質に影響を与えるため、表面処理加工において重要なプロセスです。

めっき、化成処理、陽極酸化、塗装、浸炭・窒化、ショットピーニングは、いずれも金属自体とは異なる特性を金属表面に付加する表面処理加工です（表）。めっき、化成処理、陽極酸化、塗装は、金属皮膜、あるいは非金属皮膜を金属表面に施す表面処理加工です。浸炭・窒化とショットピーニングは、金属表面を硬化させる表面処理加工で、表面硬化処理と呼びます。

めっきは、銅、ニッケル、クロム、金およびこれらの合金などの金属皮膜を金属表面に施す表面処理加工で、装飾や様々な機能を付与することが可能です。化成処理と陽極酸化は、化学反応や電解処理によって酸化物などの非金属皮膜を金属表面に施す表面処理加工です。塗装は、樹脂を主原料とした塗料を金属表面に塗る表面加工方法であり、錆を防ぐ耐食性と装飾が主な目的です。浸炭・窒化は金属表面への炭素や窒素の強制固溶による表面硬化、ショットピーニングは物理的衝撃による金属表面の加工硬化を図る表面処理加工です。

要点BOX
- ●前処理は表面処理加工の重要なプロセス
- ●金属皮膜や非金属皮膜を施す表面処理加工
- ●金属表面を硬化させる表面処理加工

表面処理加工

図　表面処理加工の分類

表面処理加工

前処理

油や錆などの金属表面の不要な付着物を除去

装飾・機能付与

金属表面に装飾や機能を付与することを目的とした
めっき、化成処理、陽極酸化、塗装、浸炭・窒化、
ショットピーニング

表　表面処理加工の種類と目的

表面処理加工	種類	目的
金属皮膜、あるいは非金属皮膜を金属表面に施す表面処理加工	めっき	金属素材に装飾と機能の付与を目的に、金属表面に金属素地とは異なる金属皮膜を施す。
	化成処理	金属素材の耐食性向上、塑性加工時の潤滑性付与、塗装の下地処理、加飾を目的に、金属表面に金属素地とは異なる皮膜を生成させる。
	陽極酸化	金属を陽極として電解液中で電解処理し、金属表面に酸化皮膜を生成させる。
	塗装	金属素材に装飾と機能の付与を目的に、金属表面に金属素地とは異なる塗料の塗膜を形成させる。
金属表面を硬化させる表面処理加工	浸炭・窒化	非金属元素の炭素や窒素を金属表面に拡散させて、鋼表面に硬化層を得る。
	ショットピーニング	投射材を金属表面に高速で衝突させて、金属表面の加工硬化や、金属表面への圧縮残留応力や凹凸を付与し、金属の疲労強度や耐摩耗性、耐応力腐食割れ性を向上させる。

47 金属表面の素地とは異なる付着物を除去する

前処理

ほとんどの金属素材の表面には、必ずと言っていいほど汚れが付着しています。例えば、熱処理した金属素材表面にはスケールと呼ばれる酸化物が、機械加工された金属素材の表面には切削屑や潤滑油がそれぞれ付着しています。また、ステンレス鋼やチタン合金の表面は、不働態皮膜と呼ばれる酸化物で覆われています。金属表面を素手で触ると、手の油が金属表面に付着します。このような金属素材表面に存在する金属素地とは異なる付着物は、めっきや塗装などの各種表面処理加工の不良の原因になります。例えば、めっき不良の約7～8割は前処理の不十分さに起因すると言われています。これらの金属表面の金属素地とは異なる付着物を除去する表面処理加工を前処理と呼びます。前処理を大別すると、①洗浄剤による除去②機械的除去③化学反応による除去に分けることができます（図、表）。

洗浄剤による除去は、金属表面の付着物を洗浄剤に浸して洗浄する方法で、一般的には、予備洗浄、本洗浄、仕上げ洗浄などの洗浄剤の入ったいくつかの槽を順次経て洗浄します。また、洗浄時に超音波や、洗浄剤をシャワーやスプレー噴射などの物理的な処理を負荷することもあります。

機械的除去は、金属表面を物理的に除去する方法で、物理研磨とも呼ばれます。機械的除去方法として、バレル研磨や、後述するショットブラストがあります（54項）。バレル研磨は、加工物と研磨剤をバレルと呼ばれる研磨槽に一定の割合で混合し、研磨槽に運動を与えて、研磨槽の運動による加工物と研磨剤との摩擦による方法です。ちなみに、バレル研磨と言われる理由は諸説あるようですが、その昔、宝石の原石を樽（barrel）を用いて研磨していたことに由来するとも言われています。

化学反応による除去は、金属表面を薬品によって除去する方法で、化学研磨とも呼ばれています。

要点BOX

- ●付着物は表面処理加工の不良の原因
- ●めっき不良の約7～8割は前処理の不十分さ
- ●洗浄剤、機械的除去、化学反応除去

図　前処理の分類

前処理

- 洗浄剤による除去
  金属表面の付着物を洗浄剤に浸して洗浄する方法
- 機械的除去
  金属表面を物理的に除去する方法
- 化学反応による除去
  金属表面を化学的反応により除去する方法

表　前処理の種類と目的

種類	目的
洗浄	金属表面の付着物を洗浄剤に浸して洗浄する方法で、予備洗浄、本洗浄、仕上げ洗浄などの洗浄剤の入ったいくつかの槽を順次経て洗浄される。 超音波や、洗浄剤をシャワーやスプレー噴射などの物理的な処理を負荷することもある。
物理研磨	金属表面を物理的に除去する方法で、バレル研磨やショットブラストがある。
化学研磨	金属表面を化学的反応により除去する方法で、薬品による金属の溶解による化学研磨の他に、薬品中で電気エネルギーを負荷して電気化学的に金属を溶解させる電解研磨もある。

48 金属表面に素地とは異なる金属皮膜を施す

めっき

めっきとは、金属素材に装飾と機能の付与を目的に、金属表面に金属素地とは異なる金属皮膜を施す表面処理加工のことです。湿式めっき、乾式めっき、溶融めっきの3つに大別されます（図1）。

湿式めっきは金属イオンを含む溶液中で行い、電気めっきと無電解めっきの2種類があります。電気めっきは、電気分解による金属の析出を利用しためっきのことです。めっきしようとする金属のイオンを含む溶液を用いて、被めっき金属を陰極、めっきしようとする金属を陽極に用いて、陰極表面に金属イオンから還元された金属が析出してめっき皮膜が形成されます（図2）。一方、無電解めっきは、金属イオンと還元剤との反応によって被めっき金属に金属を還元析出させてめっき皮膜を形成する方法です。

乾式めっきは、大気圧より低い圧力中で金属や、酸化物・窒化物などの無機化合物の薄膜を被めっき金属表面に形成させる方法のことで、物理蒸着と化学蒸着に分けられます。

溶融めっきは、溶融金属中に被めっき金属を浸漬してめっきする方法で、トタンと呼ばれる鉄板や街頭ポールの防錆用の亜鉛めっきがよく知られています。

金属表面に施される金属皮膜の種類を分類すると、銅やニッケル、クロムなどの単金属めっき、ニッケル合金や錫合金などの合金めっき、複合めっきの3つに大別されます（図3）。合金めっきは多様な色調を実現することが可能なため、装飾に用いられます。また、複合めっきは、潤滑性を有するテフロン粒子を含有する無電解ニッケル―リンめっきのように、めっき皮膜に機能性を付与することができます。

めっきは、比較的、環境負荷が高いプロセスと言えます。今後、地球環境保全の観点から、使用するクロムやシアン化合物をはじめとする有害物質に対する配慮が必要になっていくでしょう。

要点BOX
- ●湿式、乾式、溶融めっきの3種類
- ●湿式めっきは電気めっきと無電解めっき
- ●単金属めっき、合金めっき、複合めっき

図1　めっきの分類

- めっき
  - 湿式めっき
    - 電解めっき
    - 無電解めっき

    金属イオンを含む溶液中で行う
  - 乾式めっき

    大気圧より低い圧力中で金属や、酸化物・窒化物などの無機化合物の薄膜を被めっき金属表面に形成させる
  - 溶融めっき

    溶融金属中に被めっき金属を浸漬する

図2　電気めっき

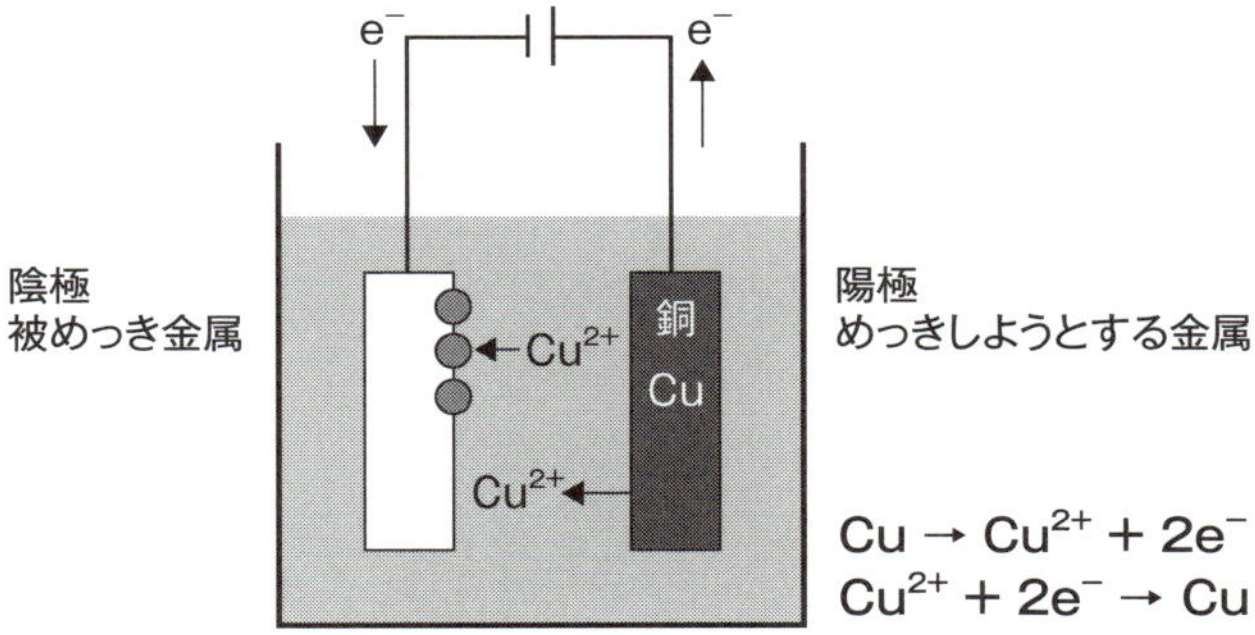

e⁻
e⁻
陰極
被めっき金属
陽極
めっきしようとする金属
銅
Cu
Cu^{2+}
Cu^{2+}
$Cu \rightarrow Cu^{2+} + 2e^-$
$Cu^{2+} + 2e^- \rightarrow Cu$

図3　金属皮膜の分類

- めっき
  - 単金属めっき

    （銅やニッケル、クロムなど）
  - 合金めっき

    多様な色調を実現することが可能
    （ニッケル合金や錫合金など）
  - 複合めっき

    めっき皮膜に機能性を付与
    （テフロン粒子を含有する無電解ニッケル―リンめっきなど）

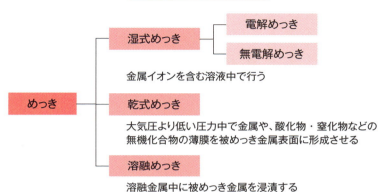

49 金属表面に素地とは異なる皮膜を生成させる

化成処理

化成処理とは、金属素材の耐食性向上、塑性加工時の潤滑性付与、塗装の下地処理、加飾を目的に、金属表面に金属素地とは異なる皮膜を生成させる表面処理加工のことです。化成処理は、溶液の塗布や浸漬のため簡便で、処理温度は100℃前後と扱いやすいことも特徴です。化成処理を大別すると、①クロメート処理②リン酸塩処理③着色処理の3種類に分類されます（図）。

クロメート処理は、クロム酸化合物を含有する溶液に金属を浸漬し、金属表面にクロム系酸化物や水和物の皮膜を生成させる化成処理です。クロメート処理は、亜鉛めっき鋼板やアルミニウム合金、銅合金の耐食性向上を目的に行われます。これまでは、有害な六価クロムを含有する溶液が主流でしたが、最近は、無害な三価クロム化成処理やクロムフリー化成処理への転換が進められています。

リン酸塩処理は、リン酸を含有する溶液に金属を浸漬し、金属表面にリン酸系の化合物皮膜を生成させる化成処理です。リン酸処理は、金属の耐食性向上や塗膜密着性向上、潤滑性付与を目的に行われます。

金属の表面に形成される酸化皮膜は、酸化物自体の色調や、その厚さによる干渉効果により様々な色調を作り出すことが可能なので、化成処理で金属の表面に酸化物や硫化物の皮膜を形成させて、金属の着色に用いられています。表に、銅合金の化成処理例を示します。

鉄鋼を、水酸化ナトリウムを主成分としたアルカリ系溶液で約150℃の温度で化成処理すると、表面に緻密で黒色の四三酸化鉄皮膜が形成されます。この化成処理を一般的に黒染め処理と呼び、古くから鉄砲の銃身やカメラ部品などに使用されてきました。黒染め処理は、主に加飾や防錆を目的に用いられています。

要点BOX

- 溶液の塗布や浸漬のため簡便
- 処理温度も100℃前後で扱いやすい
- クロメート、リン酸塩、着色の3種類

図　化成処理の分類

- 化成処理
  - クロメート処理
    - クロム系酸化物や水和物の皮膜を生成
  - リン酸塩処理
    - リン酸系の化合物皮膜を生成
  - 着色処理
    - 酸化物や硫化物の皮膜を生成

表　銅合金の化成処理例

皮膜色調	浴組成	温度・時間
赤色	硝酸鉄　2g/L 次亜塩素酸ナトリウム 2g/L	75℃ × 数分
オレンジ色	水酸化ナトリウム 25g/L 炭酸銅 50g/L	60~75℃ × 数分
青色	次亜塩素酸ナトリウム 2g/L 酢酸鉛 1g/L	100℃ × 数分
緑色	硫酸銅　75g/L 塩化アンモニウム 12.5g/L	100℃ × 数分
褐色	硫化バリウム　12.5g/L	50℃ × 数分
チョコレート色	硫酸銅 25g/L 硫酸ニッケルアンモニア 25g/L 塩素酸カリウム 25g/L	100℃ × 数分
黒色	炭酸銅 400g/L アンモニア 3500mL/L	80℃ × 数分

50 金属表面に人工的に酸化皮膜を生成させる

陽極酸化処理

陽極酸化処理は金属を陽極として電解液中で電解処理し、金属表面に酸化皮膜を生成させる方法です（**図1**）。アルミニウムやチタンの表面処理加工として用いられています。この陽極酸化処理で得られる皮膜によって、金属に耐食性、意匠性を付与することが可能です。

アルミニウムを陽極酸化処理すると、アルミニウム表面に大気中で生成する自然酸化皮膜より厚くて多孔質な酸化皮膜が形成されます（**図2**）。このようなアルミニウムを陽極酸化処理することで得られる酸化皮膜やその製品のことをアルマイトと呼び、窓枠のアルミニウム押出材、機械部品や航空機部品など、様々な分野で利用されています。

このアルマイトと呼ばれるアルミニウムの陽極酸化処理技術は、日本の研究者によって1924年に開発されました。それは、「アルミニウムの三角定規を使うと製図用紙が汚れるので酸化被膜をつけて欲しい」と依頼された研究者の実験作業中の不注意が、その発明に繋がったようです。

アルミニウムの陽極酸化処理を電解液で分類すると、シュウ酸法、クロム酸法、硫酸法の3種類に分けられます。酸化皮膜の細孔内への染料封入や金属間化合物の析出によって着色も可能です。

陽極酸化処理はアルミニウムに限った表面処理ではなく、チタンの表面処理としても利用されます。チタンをリン酸などの電解液中で陽極として電解処理すると、チタン表面に人工的な酸化皮膜が形成され、その皮膜厚さによって鮮やかな干渉色が得られます。表に示すように、陽極酸化処理の電圧上昇と比例した皮膜厚さの増加に伴い、青色、黄色、紫色、緑色、桃色へと変化します。チタンの陽極酸化処理は、高層ビルのカーテンウォールや屋根材・モニュメントに利用されています。

要点BOX

- ●金属に耐食性、意匠性を付与
- ●シュウ酸法、クロム酸法、硫酸法
- ●染料封入や金属間化合物による着色

図1　陽極酸化処理

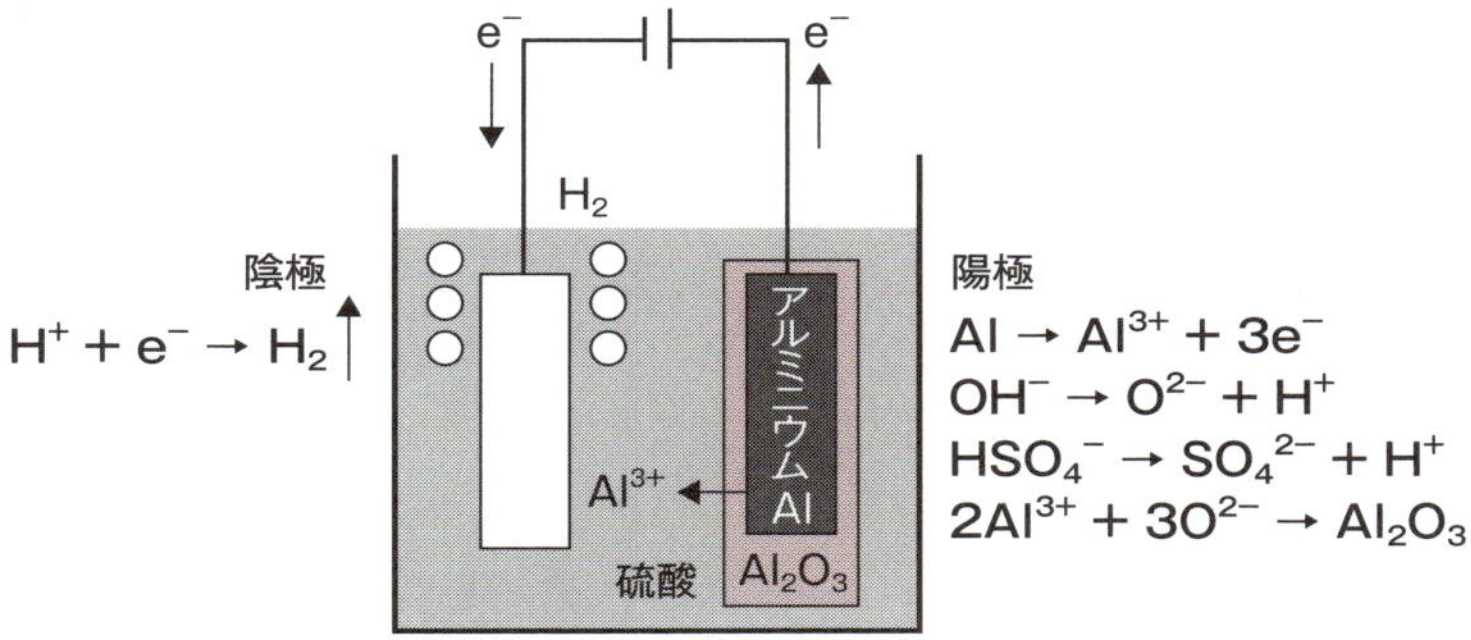

図2　アルミニウムの陽極酸化処理

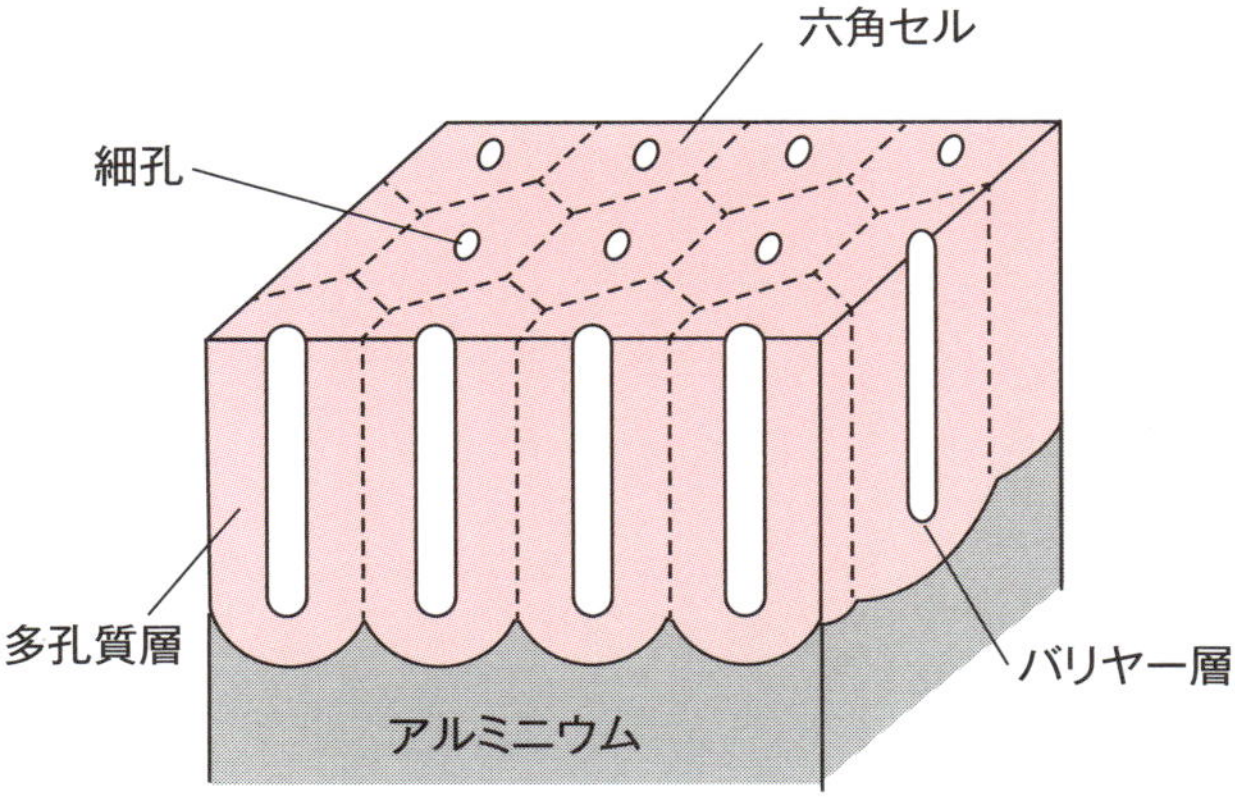

表　皮膜厚さと色調の関係

皮膜厚さ（nm）	40~70	100~110	120~130	140~150	170~190
色調	青	黄	紫	緑	桃

51 金属表面に素地とは異なる塗膜を施す

塗装

私達の身の周りには、自動車、路面電車、道路標識、郵便ポスト、歩道橋など、塗装された様々な金属製品があります（図1）。塗装とは、金属素材に装飾と機能の付与を目的に、金属表面に金属素地とは異なる塗料の塗膜を形成させる表面処理加工のことです。前述しためっきとの違いは金属素地の表面に付加する材料の違いであり、めっきが金属の薄膜に対して、塗装は樹脂を主原料とした塗膜となります。

塗料は①樹脂②硬化剤③顔料④添加剤⑤溶剤の5種類の成分からなります（図2）。具体的には、樹脂と硬化剤、溶剤は塗料の固化、顔料は着色と防錆、添加剤は塗料の表面張力や粘度を変化させるなどの目的を、それぞれ有しています。

塗装方法は、塗料を霧状にさせて金属表面に塗装する噴霧法と、塗料を直接金属表面に塗装する直接法に大別されます（図3）。

噴霧法の種類は、液体状の塗料とエアコンプレッサで供給される圧縮空気を混合し霧状にした塗料を金属表面に付着させるエアスプレー方式、塗料自体に高圧力をかけて噴出した塗料粒子が外部の空気と衝突・霧化されて金属表面に付着するエアレススプレー方式、静電スプレー方式があります。これら3つの方式の中で、塗着効率はエアスプレー方式が最も優れています。

一方、直接法の4種類は、刷毛を使用した刷毛塗り、塗料の入った槽に金属を浸漬・引き上げて乾燥させるディッピング、ロールで金属表面に塗料を塗るロールコーター、水性塗料や水溶性樹脂を電解液として電着作用によって金属表面に塗装する電着塗装があります。

今後、大気汚染や地球温暖化への対応として、揮発性有機化合物（VOC）や塗装工程で発生する二酸化炭素を削減し、塗装コストも低減可能な環境対応塗料・塗装技術が求められています。

要点BOX
- 樹脂を主原料とした塗膜
- 5種類の成分からなる塗料
- 塗装方法は噴霧法と直接法に大別

図1　塗装された金属製品

図2　塗料の成分

- 塗料
  - 樹脂
  - 硬化剤
  - 顔料
  - 添加剤
  - 溶剤

図3　塗料方法の分類

- 塗装方法
  - 噴霧法
    - エアスプレー方式
    - エアレススプレー方式
    - 静電スプレー方式
  - 直接法
    - 刷毛塗り、ディッピング
    - ロールコーター、電着塗装

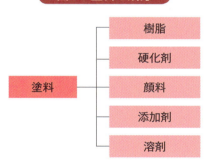

52 表面のみ硬くして耐摩耗性とじん性を両立

表面硬化処理

厳しい条件下で使用される各種の金属部品の摺動部材や金属加工用部品には、その耐摩耗性を高めるために種々の表面硬化処理が施されています。このような金属表面を化学的、あるいは物理的な方法で硬化させる表面処理方法を表面硬化処理と呼びます。

例えば、表面のみを硬くして疲労強度や耐摩耗性を向上させて、内部を硬くさせずにじん性を維持させるなど、表面硬化処理は、金属製品の表面と内部で異なる特性を付与することが可能です。具体的な処理方法を大別すると、表面焼入れ、熱拡散処理、ショットピーニングに分けられます（**図1**）。

前述の通り、金属は熱処理加工によって金属組織を制御し、強度や延性などの特性向上や、異なる特性を発揮させることができます。表面焼入れは、鋼の表面をオーステナイト組織領域の変態点以上の温度まで急速に加熱し、直ちに焼入れして鋼の表面のみをマルテンサイト組織にさせて硬化する熱処理です。表面焼入れは、燃焼炎を用いる火炎焼入れと、高周波による誘導現象の高周波焼入れの2種類があり、それぞれの加熱後に水などの冷却媒体を用いて急冷します。

熱拡散処理は、表面層の炭素濃度を高める浸炭の後に焼入れを行って表面を硬化させる浸炭焼入れと、アルミニウムやクロムを含有する鋼の表面に窒素を拡散・浸透させて、表面にアルミニウムやクロムの窒化物を形成し、鋼表面に硬化層を得る窒化処理の2種類です。

ショットピーニングは、種々の材質・形状からなる投射材を金属表面に衝突させ、金属表面を加工硬化させると共に、圧縮の残留応力を付与することができます（**図2**）。疲労強度や耐摩耗性、耐応力腐食割れ性が向上します（54項）。

要点BOX
- 金属表面を化学的、物理的に硬化させる
- 表面と内部で異なる特性を付与する
- 表面硬化処理を大別すると3種類

図1　表面硬化処理

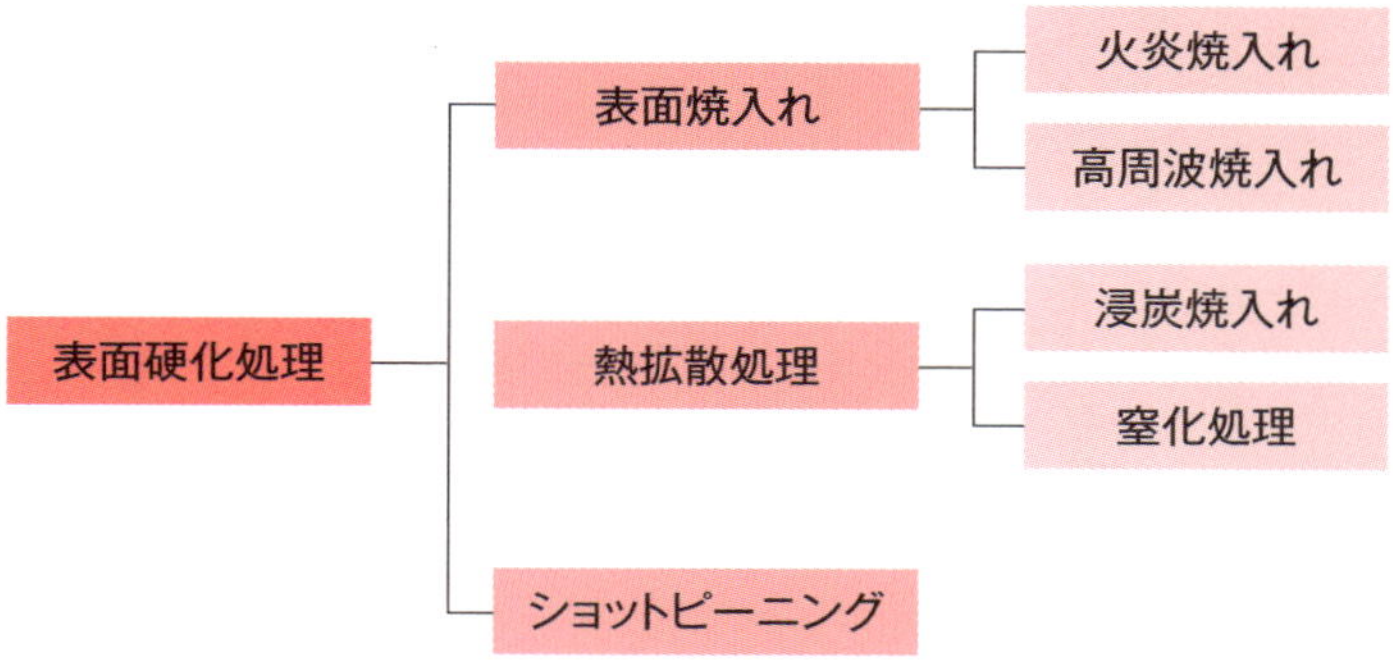

図2　ショットピーニング

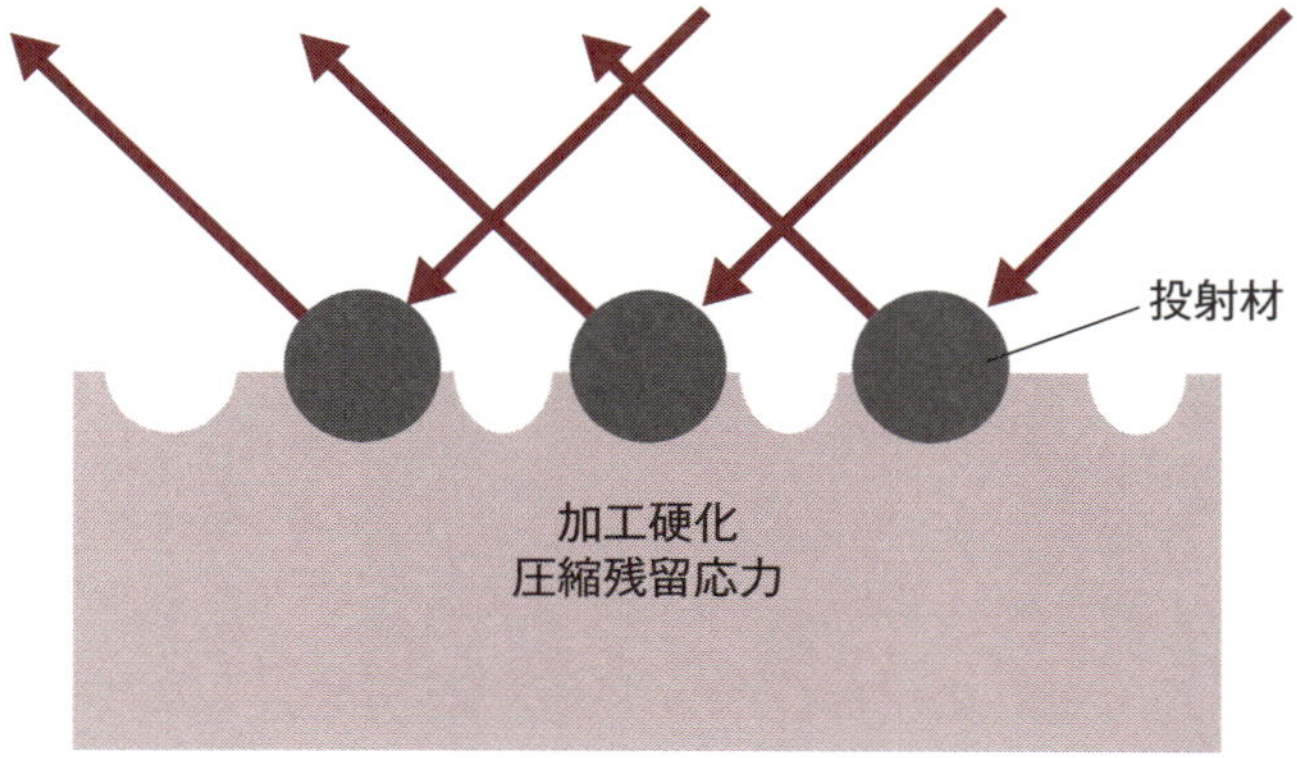

53 金属表面に炭素や窒素を拡散させて硬くする

浸炭焼入れと窒化処理

表面硬化処理の1つである熱拡散処理は、拡散させる元素の違いによって金属元素と非金属元素に分けられます（図1）。金属元素の熱拡散処理のことを金属セメンテーションと呼び、代表的な拡散させる金属元素としては、アルミニウム、クロム、亜鉛です。金属メンテナンスにはアルミニウムを拡散させるカロナイジング、クロムを拡散させるクロマイジング、亜鉛を拡散させるシェラダイジングがあり、これらは主に耐食性を向上させる目的で行われます。一方、拡散させる代表的な非金属元素としては炭素と窒素で、それぞれの非金属元素による熱拡散処理は、浸炭焼入れ、窒化処理と呼ばれます。

浸炭焼入れとは、非金属元素である炭素を用いた熱拡散処理で、低炭素鋼を炭素が供給される媒介中で約900℃に加熱し、表面層の炭素濃度を高める浸炭の後に焼入れを行って表面を硬化させます。浸炭法は浸炭剤の種類によって、固体浸炭、液体浸炭、ガス浸炭の3つに分類され、このうち、ガス浸炭が現在の浸炭法の主流です。

窒化処理は、アルミニウムやクロム、チタン、バナジウムを含有する鋼の表面に窒素を拡散・浸透させて、表面にアルミニウムやクロムの窒化物を形成させて、硬化層を得る方法です。

窒化処理は、炉内にアンモニアガスを導入し500～580℃に加熱することで、鋼表面に窒素を拡散させるガス窒化、ナトリウム塩やカリウム塩などとシアン化物からなる400℃以上の塩浴槽に浸漬し、鋼材の表面に窒素と炭素を進入させて、窒化物や炭化物を形成・硬化させる塩浴窒化、窒素ガスを含む低真空中でグロー放電によって形成されたプラズマを利用するプラズマ窒化があります（図2）。

プラズマ窒化は、窒化速度が比較的速く、窒素ガスの分圧、電圧、温度、時間の調整によって窒化層の組織を調整することが可能です。

要点BOX

- ●金属元素を熱拡散させる金属セメンテーション
- ●炭素を熱拡散させる浸炭焼入れ
- ●窒素を熱拡散させる窒化処理

図1　熱拡散処理の分類

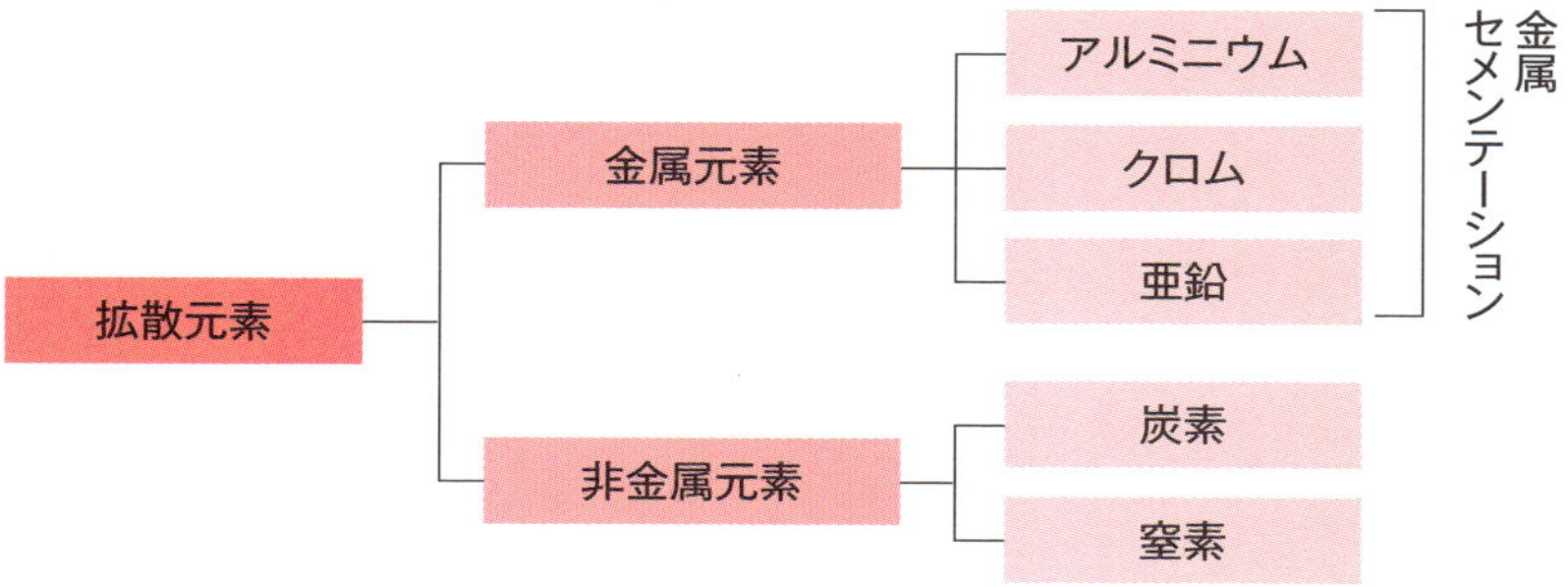

図2　窒化処理の分類

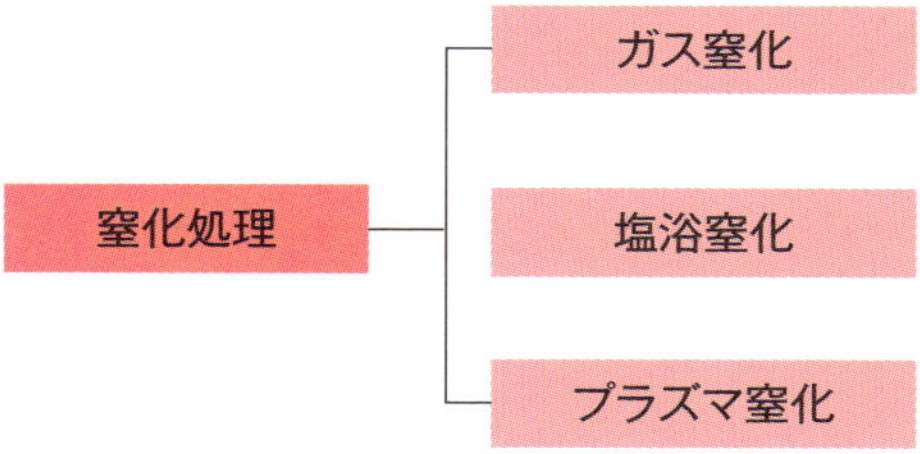

54 無数の投射材を高速で金属表面に衝突させる

ショットピーニング

ショットピーニングは、ショットと呼ばれる種々の材質・形状からなる無数の投射材を金属表面に高速で衝突させて、金属表面の塑性加工を利用した表面処理加工です（52項図2）。ショットピーニングされた金属表面は梨地状になり、金属表面の加工硬化や、金属表面への圧縮残留応力や凹凸を付与することができます（**表**）。結果、金属の疲労強度や耐摩耗性、耐応力腐食割れ性が向上します。そのため、ばねや歯車などの金属部品に広く利用されています。

ショットピーニングと似た処理で、金属表面のバリや錆を除去するショットブラストがあります。ショットブラストは、昔、砂を用いていたことからサンドブラストとも呼ばれており、金属表面を塑性加工するショットピーニングとは区別されています。

ショットピーニングに使用する投射材をショットと呼び、加工目的と金属の特性に応じて選定されます。

投射材の種類は、鋳鋼ショット、カットワイヤショット、ガラスショット、セラミックスショットおよび超硬ショットがあります（**図**）。金属粒子は、切断された金属ワイヤー粒子、溶けた金属を急冷凝固させた球形粒子、角のある非球形粒子などがあります。セラミックス粒子は、アルミナ、炭化ケイ素などがあり、高硬度な金属表面の処理に使用されます。また、アモルファス合金のショットも実用化されており、その弾性率の低さから加工後の金属表面の仕上がりが優れています。

最近では、ガラスショットを高圧水で投射するウォータージェットピーニングや、気泡の破壊時に生じる衝撃力を用いたキャビテーションピーニングなどもあります。

一般的にキャビテーションは、スクリューやポンプ、バルブなどの流体を扱う機械部品に損傷を与える現象として知られていますが、キャビテーションピーニングは、気泡破壊時の衝撃力を金属の表面改質に利用するものです。

要点BOX
- 金属表面の加工硬化や凹凸を付与
- 金属表面のバリや錆を除去するショットブラスト
- 投射材は加工目的と金属の特性に応じて選定

表　ショットピーニングの効果

表面状態	向上効果
・加工硬化 ・圧縮残留応力 ・凹凸付与	・疲労強度 ・耐摩耗性 ・耐応力腐食割れ性

図　投射材の分類

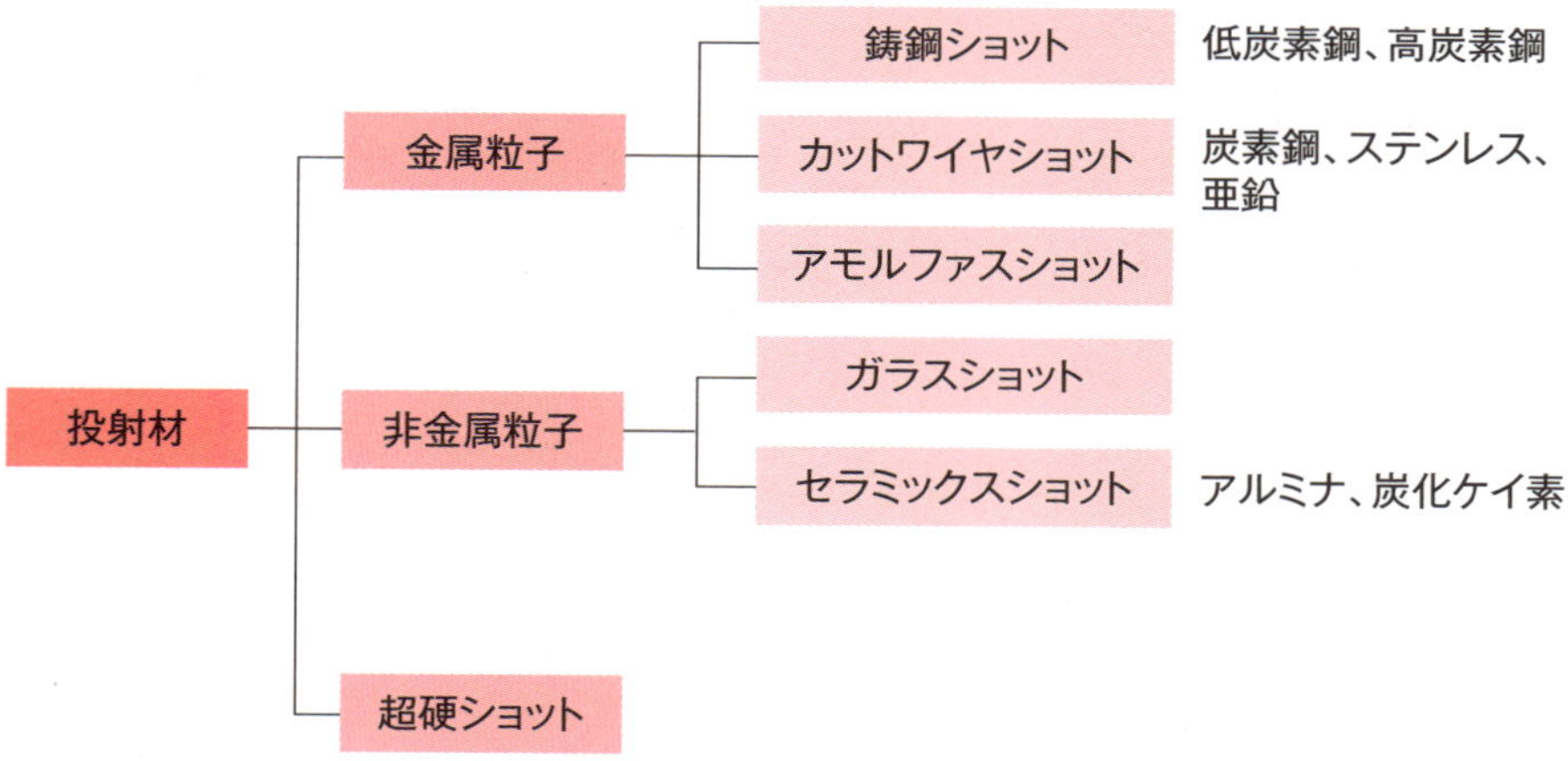

Column

「メッキ」じゃなくて「めっき」だよ

インターネットで検索すると、金属または非金属の材料の表面に金属の薄膜を被覆する表面処理のことを「めっき」とひらがなで書かれていたり、「メッキ」とカタカナで書かれていたりします。一体、どちらが正しいのでしょうか。

古くから用いられているめっき方法として、アマルガム法があります。これは、金を溶解させた水銀合金のアマルガムを、金属表面に塗布した後に加熱すると水銀は蒸発し、沸点の高い金が金属表面に残留し、金めっきされる方法です。このめっき方法は、奈良の大仏の金めっきに用いられたと言われています。

また、アマルガム法は、金を含有する鉱石から金を取り出す場合にも用いられます。金を含有する鉱石を粉砕し、水銀を加えアマルガムを作り、不純物を濾過、洗浄した後、水銀を加熱蒸発させると金が得られるのです。

なお、アマルガム法は、水銀蒸気を吸引して水銀中毒を引き起こす恐れがあります。あの有名なアイザック・ニュートンは、錬金術の研究の結果、震えや妄想、精神錯乱、重度の睡眠障害など水銀中毒の症状に悩まされていたという説もあるようです。

アマルガム法では、水銀に金を溶解すると金の黄金色から水銀の銀白色に変化するので、「金が滅する」という意味から滅金《めっきん》と呼ばれるようになり、鍍金《めっき》へと変化し、「めっき」となったようです。

鍍金は外来語ではなく日本語なので、カタカナの「メッキ」ではなくひらがなの「めっき」が正しいです。

第7章
金属材料の用途

55 材質以外にも分類できる

構造材料と機能材料

金属材料は、前述したように、鉄鋼と非鉄金属、コモンメタルとレアメタルなどのように材質別に分類される場合もありますが、このような材質別以外に用途に基づいた分類方法もあります。それは、物の形を形成し維持することを目的とした構造材料と、物に特定の機能を持たせることを目的とした機能材料の2つの分類です（**図1**）。

物の形を形成し、その形を維持することを目的とした構造材料は、各種の構造物や筐体に使用され、主に力学特性と耐食性が求められます。例えば、建築物や自動車などの輸送機器であれば、各種の形状に成形する加工性と、それを保持する強度が、構造材料に求められます。また長年、様々な腐食環境に曝されても錆びない耐食性も必要になります。このように、構造材料は、物の性能と安全性を担保する重要な要素の1つとなっています。

一方、機能材料は、力学特性以外の電気的特性、磁気的特性、光学的特性などの特定の機能を持たせることを目的としています。例えば、パソコンや電子機器の小型化に伴った配線の高密度化により、電子部品に用いられるコネクターやリードフレーム用銅合金に対して更なる高強度と高導電性が望まれています（**図2**）。

また、永久磁石は、ハイブリッドカーや電気自動車に用いられています。地球温暖化防止の観点からの国民のエコ意識の高まりから需要が伸びている、消費電力が少なくて長寿命なLED電球には、インジウムやガリウムなどのレアメタルが使用されています。その他には、形状記憶合金や、防振・楽器用などの音・振動関連材料も機能材料とされています。

更に、構造材料と機能材料が組み合わされて使用される場合もあります。例えば、部品形状を形作る構造材料の表面に、摺動性や耐摩耗性などの機能めっきが施された機械部品などが当てはまります。

要点BOX
- 物の形を形成し維持させる構造材料
- 物に特定の機能を持たせる機能材料

図1　金属材料の用途に基づいた分類

金属材料

- 構造材料
  - 物の形を形成し維持する
- 機能材料
  - 物に特定の機能を持たせる

図2　自動車における構造材料と機能材料

構造材料	機能材料
加工性 強度 耐食性	電気的特性 磁気的特性 光学的特性
↓	↓
ボディーパネル スペースフレーム ホイール	ワイヤーハーネス モーター、 ライト、ディスプレー

自動車では、構造材料と機能材料の両方への要求が増えていることが分かるよ
ハードとソフト、どちらも金属材料の技術が支えているんですね

56 エンジンの燃費向上とCO_2排出量削減が課題

航空機

2017年の航空旅客数が約41億人であったのに対して、2037年は82億人に達すると予想され、今後20年間で約4万2700機の旅客機が製造されると言われています。航空機産業において、航空機エンジンの燃費向上と二酸化炭素排出量の削減は喫緊の課題で、そのための技術開発が行われています。航空機に使用される金属材料の開発もその1つです。

ボーイング社の旅客機の機体に使用されている構造材料は、1968年に就航したボーイング747型機では、アルミニウム合金が全体の81%と最も多く使用されていました。続いて鉄鋼材料が13%、チタン合金が4%と、これら3種類の金属材料で98%を占めていました。これに対して、2012年に就航した787型機では、アルミニウム合金の割合は20%に減少し、チタン合金が15%、鉄鋼材料が10%と、鉄鋼とチタン合金の割合が逆転しました。また、これら3種類の金属材料は全体の45%となり、構造材料全体で複合材料が最も多量に使用されるようになりました(図1)。

航空機のジェットエンジンは、ファンから吸い込んだ空気を圧縮して燃料と混合させて、着火・燃焼によって得られる高温高圧のガスを噴出させる構造です(図2)。空気を吸い込むファンには、軽量かつ高強度なチタン合金が使用されています。ファンに使用されるチタン合金は、その鋳塊をプレス機で鍛錬した後に、所定の形状になるよう機械加工されています。タービンブレードは、高圧かつ超高温の条件下で使用されるので、ニッケル基超合金の単結晶を使用しています。

今後、更なる燃費向上と二酸化炭素排出量の削減に向けて、ジェットエンジンに使用される金属材料の代替として、CMCと呼ばれるセラミック・マトリックス複合材料の使用比率が増加していくと思われます。

要点BOX

- ●構造材料の比率が金属から複合材料に変化
- ●ジェットエンジンのファンはチタン合金
- ●タービンブレードはニッケル基超合金単結晶

図1　ボーイングの機体に使用される構造材料の重量比率の比較

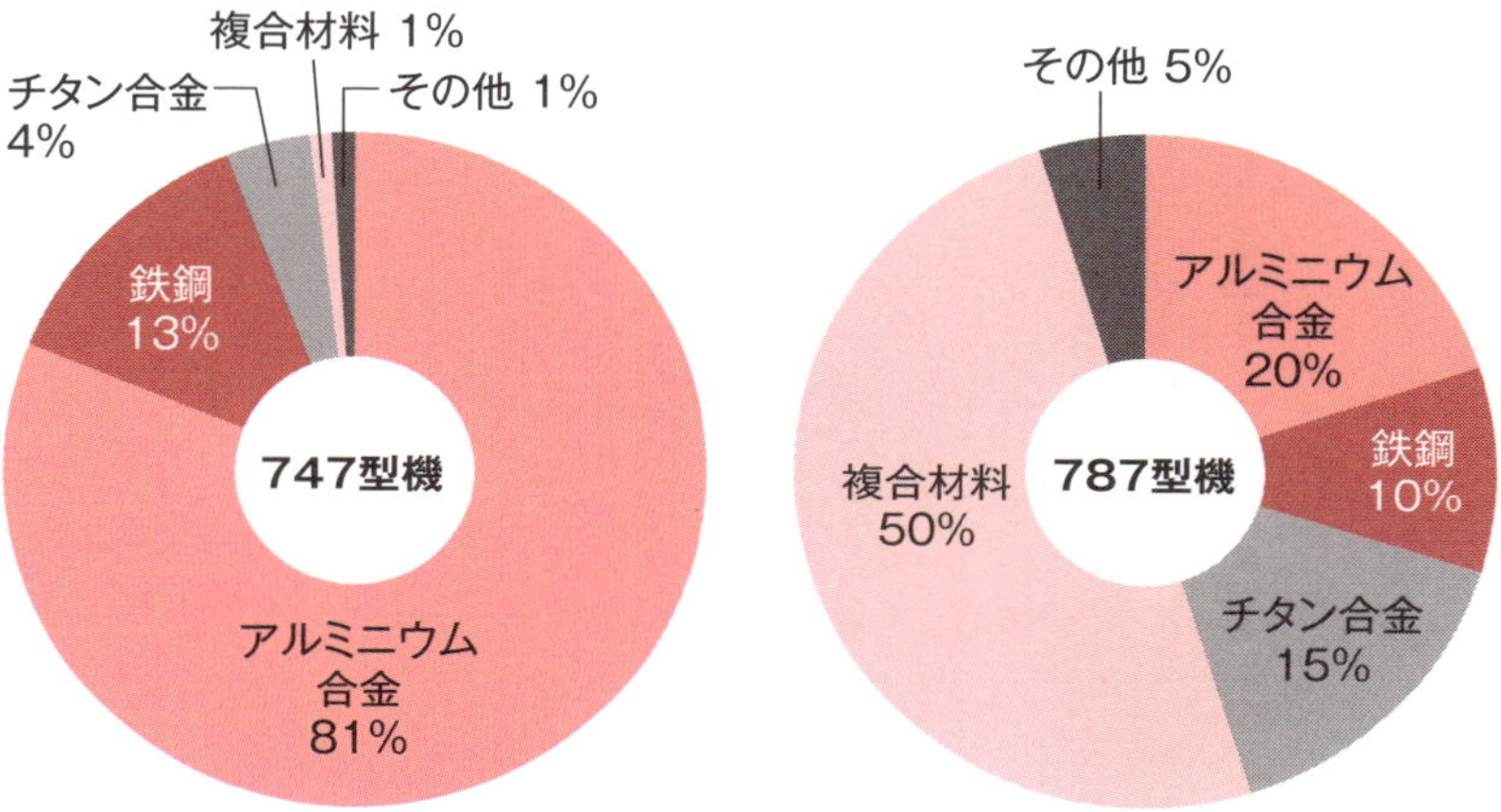

図2　ジェットエンジン

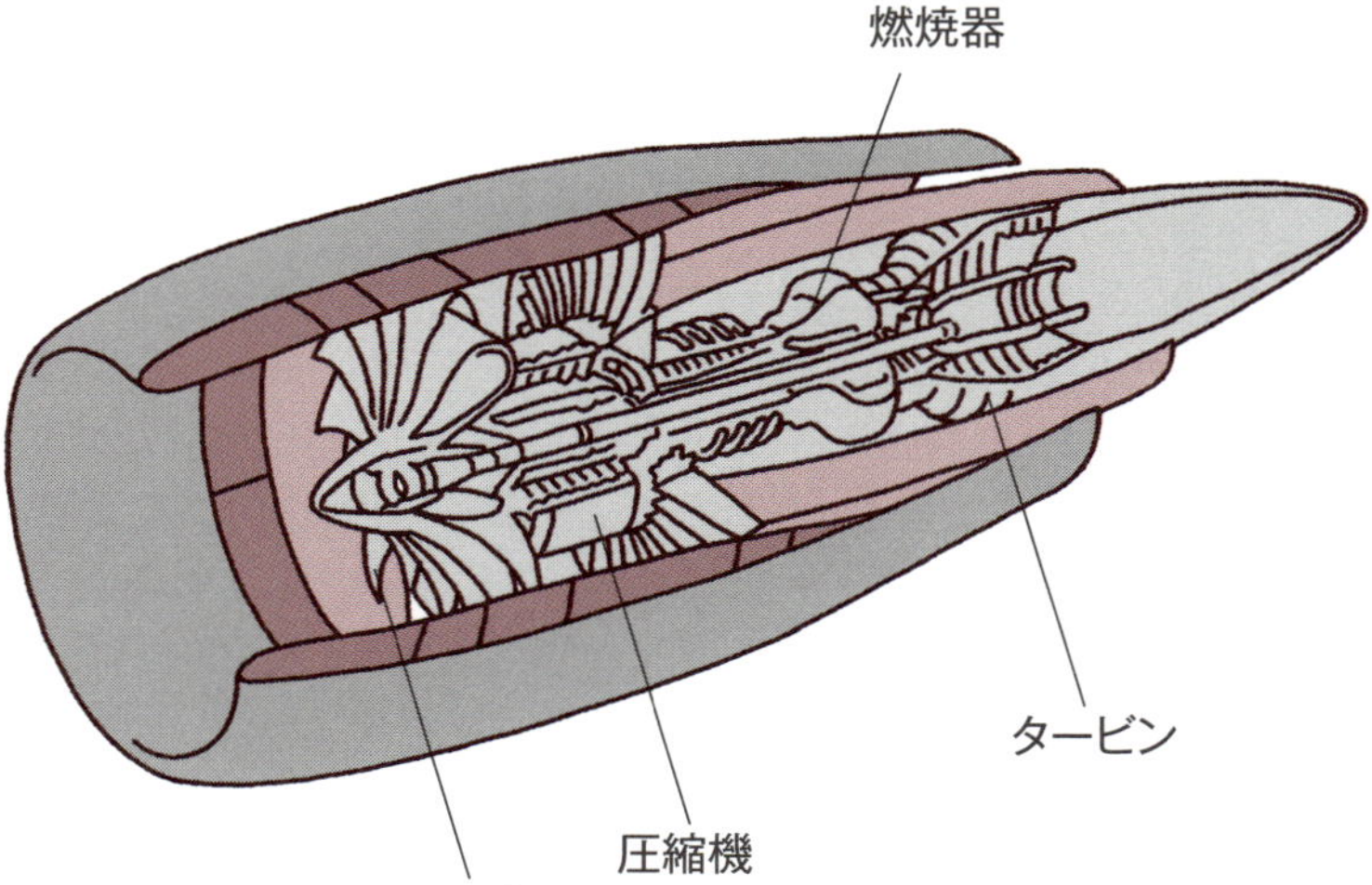

57 車体の軽量化で燃費向上と環境規制に対応

2017年の世界の自動車生産台数は約9730万台で、前年の2016年と比較して2・4%増加(表)し、10年後の年間自動車生産台数は1億台になると予想されています。その一方で、環境規制強化に伴い、自動車の燃費向上への対応が更に求められています。一般的に、車両重量の約200~300kgを占める車体重量において、100kgの軽量化は1km／Lの燃費向上に寄与すると言われていますので、車体の軽量化は、燃費向上による環境規制への対応という観点で重要になっています。

自動車の軽量化は、構造や部品の見直しによる部品点数削減のほかに、軽量な材料への変更があります。具体的には、従来の鉄鋼から密度の低いアルミニウム合金への変更です(図)。自動車重量の約70%を占めている鉄鋼はアルミニウム合金などの軽量材料に代替され、その使用比率が増加しています。アルミニウムの密度は鉄鋼の約3分の1と低いため、剛性を考慮して使用するアルミニウムの厚みを鋼板に対して1・4倍に増加させても、50%の軽量化が期待できます。

その一方で、アルミニウムの材料価格は鋼板より高く、また加工性や溶接性が鋼板より劣るため、更なるアルミニウムの使用拡大に向けて、新たな加工技術開発が進むと予想されます。

このような、従来まで単一の鉄鋼が用いられた部分に、アルミニウムなどの複数の材料を併用することで軽量化を実現させる方法をマルチマテリアルと呼びます。

鉄鋼もハイテンと呼ばれる高強度鋼板の使用比率が60%近くまで高まっています。鉄への炭素、ニッケル、シリコンなどの元素の添加量と金属組織の制御によって強度を向上させたハイテンによって、従来の鋼板より薄肉化することができ、その結果、軽量化を図ることができます。

要点BOX
●軽量化を実現するマルチマテリアル
●ハイテンによる薄肉化に伴う軽量化

表　世界の自動車生産台数

（万台）

地域	2016年	2017年
欧州	2149	2216
北中南米	2082	2070
アジア大洋州	5185	5354
アフリカ	90	93
合計	9506	9730

2.4%増加

図　自動車に使われる金属材料

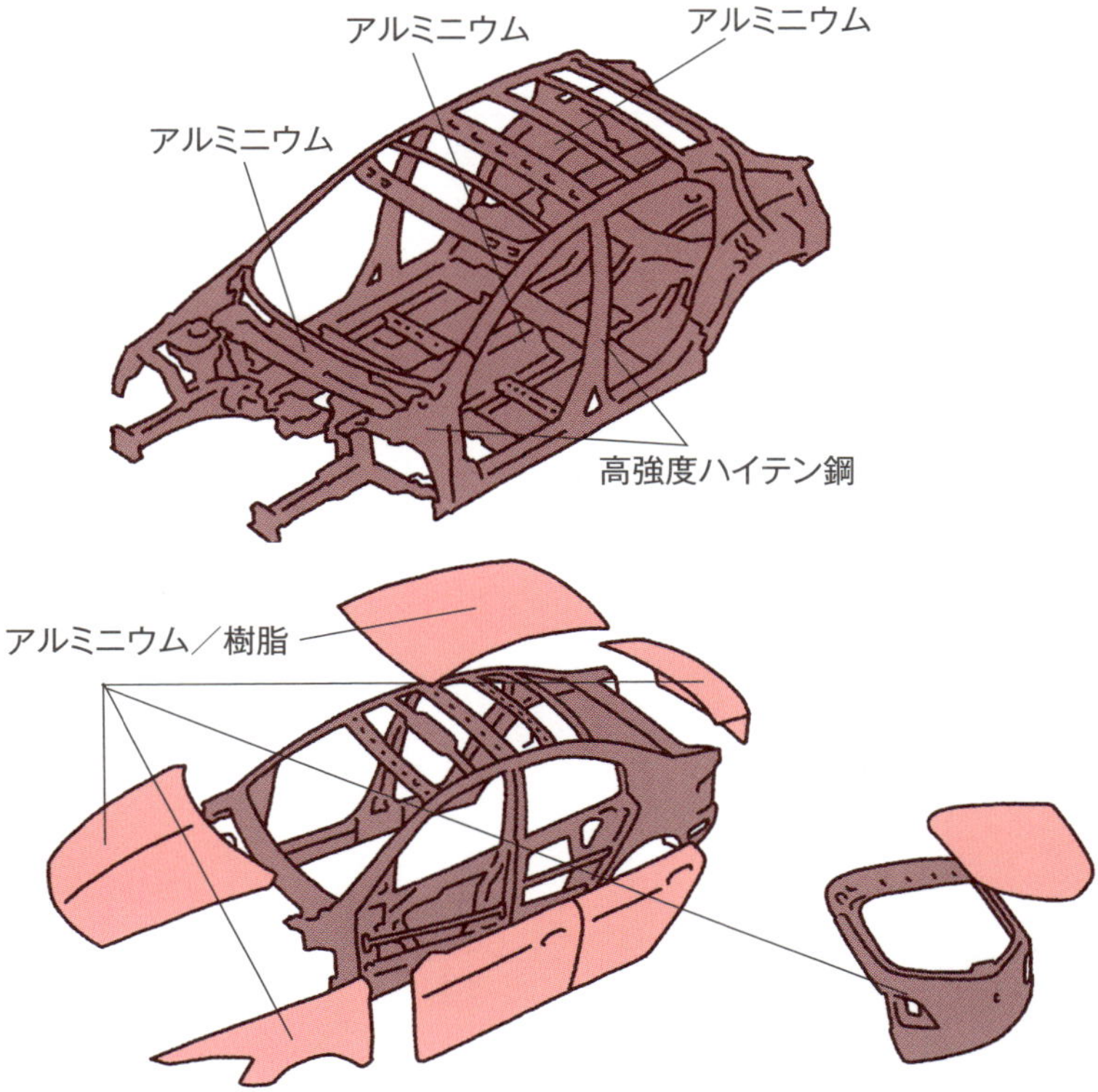

58 現代の日本の硬貨は、1円以外は全て銅合金

硬貨

硬貨とは、貨幣とすぐに分かるような図柄が記載された金属の小片のことです。これまでに発見された最古の硬貨は、紀元前7世紀に現在のトルコのリディア王国で作られた、金銀合金からなるエレクトラム硬貨と言われています。あまりに身近すぎて、硬貨の材質を改めて意識することも少ないのではないでしょうか。

硬貨に用いる金属材料に求められる要件として、①変色し難いこと②変形や擦り減り難いこと③加工性に優れることが挙げられます。現在、日本で通貨として使用している硬貨は500円、100円、50円、10円、5円、1円の6種類です。それぞれの硬貨の材質は、500円硬貨は銅に20%の亜鉛と8%のニッケルが入った洋白、100円と50円硬貨は銅に25%のニッケルが入った白銅、10円硬貨は銅に亜鉛が30～40%と錫が10～20%入った青銅、5円硬貨は銅に亜鉛が40%入った黄銅、1円硬貨は純アルミニウムです（表）。現代の日本で通貨として使用している硬貨は、1円硬貨を除くと全て銅合金を用いています。

海外の硬貨にも銅合金が用いられており、例えば、アメリカの25セント硬貨やスイスの5フラン硬貨には、白銅が使用されています。

貨幣の製造工程は、連続鋳造にて製造した鋳塊を熱間・冷間圧延し、所定の厚さに仕上げます。その後、貨幣の形に打ち抜いた後に、模様を出しやすくするため、圧縁と呼ばれる円形の周囲に縁を付けます。その後、圧印と呼ばれる表・裏の模様を成形し、硬貨に仕上げます（図1）。

2019年4月9日、財務省から新しい500円硬貨の発行に関する発表がありました。新しい500円硬貨は周囲と真ん中で色が違う、バイカラー・クラッドという二色三層構造になるようです（図2）。

要点BOX
- ●最古の硬貨は金銀合金のエレクトラム硬貨
- ●新しい500円硬貨は二色三層構造

表　日本の硬貨の材質

硬貨	名称	合金組成（重量%）
500円硬貨	洋白	Cu-20%Zn-8%Ni
100円硬貨	白銅	Cu-25%Ni
50円硬貨		
10円硬貨	青銅	Cu-40%Zn-10%Sn
5円硬貨	真鍮	Cu-40%Zn
1円硬貨	純アルミニウム	Al

図1　硬貨の製造工程

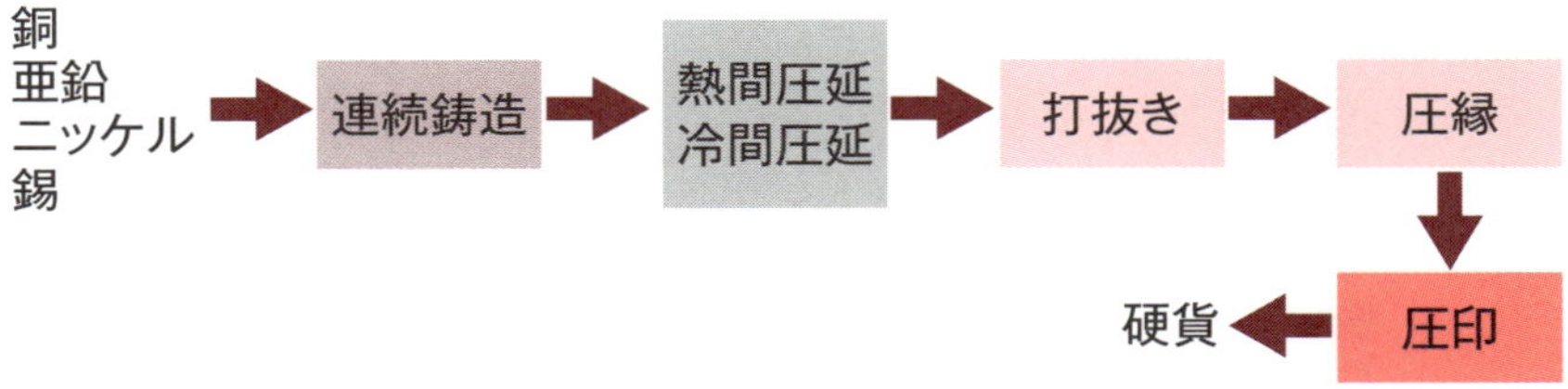

図2　バイカラー・クラッド

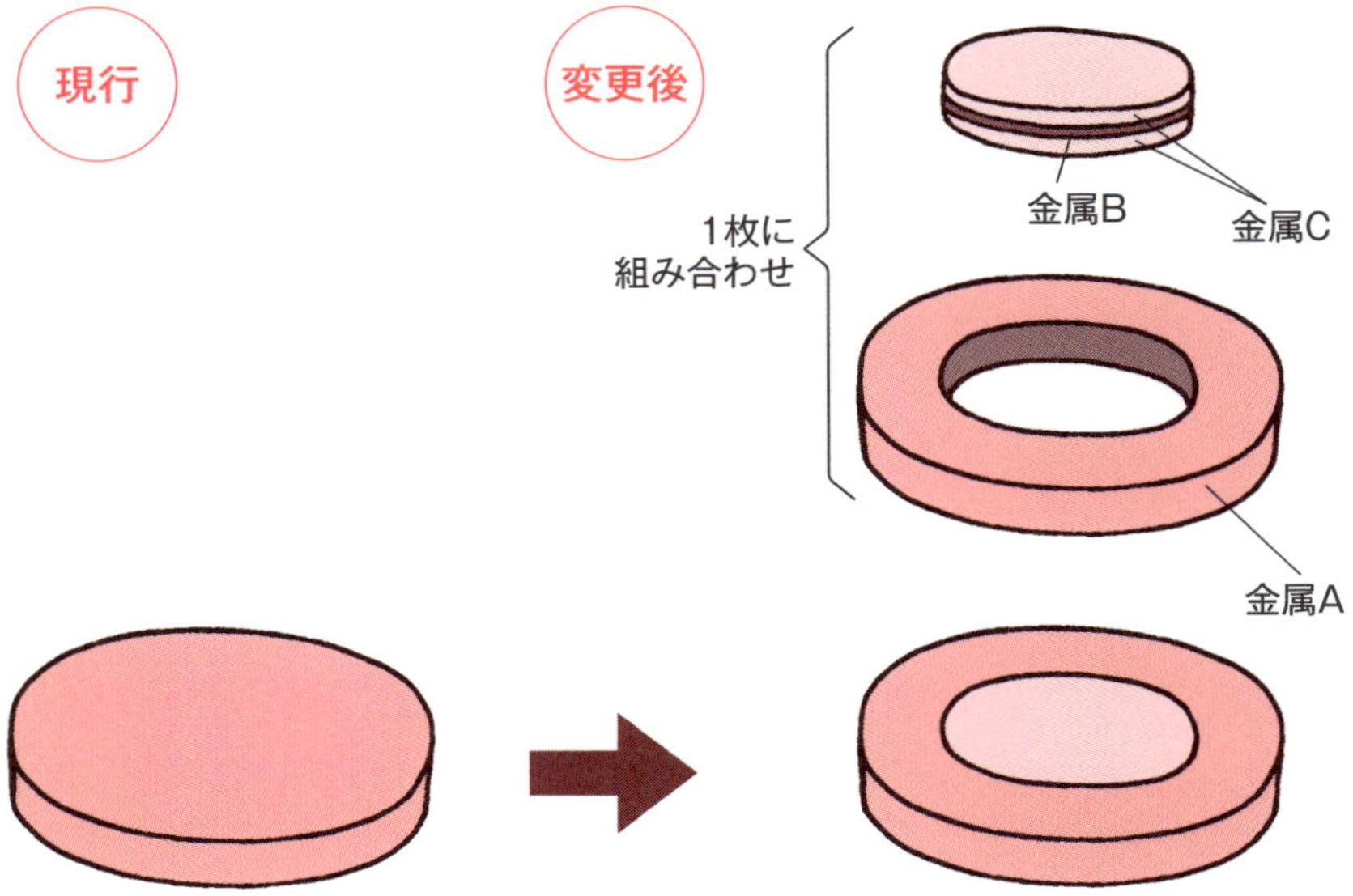

59 清潔さと耐久性が求められる

台所用品

台所用品は、毎日のように火や水による加熱と湿気に曝される一方で、清潔さと耐久性が必要になります。そのため、台所用品には、錆びにくくて光沢が続く金属や、汚れが付着しにくい金属が適しています。

食器や野菜を水洗いする水槽状の流し台のことをシンクと呼びます（図）。シンクには、金属表面にガラス質の釉薬を焼き付けたホーローや人工大理石も使われていますが、ステンレス鋼が最も一般的です。鉄鋼のように赤錆が発生せず、銀白色に輝き続けるステンレス鋼は、水周りのシンクに最適な金属と言えます。

シンクに求められる要件として、調理に使用した鍋やフライパンを流し台に置いたまま水を溜めたり、洗えたりできるような適度な深さがあります。シンクの水槽状の形状は、厚さが約0・6～0・8㎜のステンレスの板を絞り加工によって付与されています。

シンクに使用されるステンレス鋼種は、オーステナイト系のSUS304が多いです。

プロの料理人が使用する包丁は、ずっしりと重い鉄鋼製のものが使われていますが、一般家庭で使用する包丁はステンレス鋼のものが多いようです。包丁に使用されるステンレス鋼種は、マルテンサイト系のSUS420Jで、安全カミソリの刃にも使われています。

シンクに置いてある、調理の時に出る野菜屑やお茶の出し殻などを入れる三角コーナーや排水溝の目皿は、汚れが付きやすいです。そこで、このような汚れを防止するために、細菌類の働きを抑える、もしくは死滅させる銅の特性を活かした、銅製の三角コーナーや排水溝網などもあります。

錆びずに耐久性があって、自在に変形できるクッキングホイルは、お弁当のおにぎり包みなど料理に欠かせません。これは、アルミニウムを約10㎛の厚さに延ばす圧延技術で実現されています。

要点BOX
●錆びにくくて金属光沢が続くステンレス鋼
●シンクは絞り加工で成形
●汚れが付着しにくい銅

図　台所に使われる金属

ステンレス鋼
鉄鋼
アルミニウム合金
ステンレス鋼
アルミニウム合金
ステンレス鋼
銅
ステンレス鋼
銅
銅
ステンレス鋼

60 複雑な形状と瞬時の成形

おもちゃ

木製の積み木、樹脂製のプラモデル、ガラス製のおはじきなど、子供のおもちゃには様々な材料が使われています。木材や樹脂、ガラス以外に、金属も多く使われています。

戦後復興期の1945年にヒットしたおもちゃは、錫めっき鋼板のブリキ製のアメリカ軍ジープでした。当時、進駐軍が食べ終わったブリキ缶詰の空き缶を用いておもちゃを作っていたようです。

1970年代に超合金と呼ばれた、関節が自由に動く、重量感のある金属製キャラクターロボット人形がブームになりました（**図1**）。超合金は、ニッケル、あるいはコバルトが主成分の耐熱合金の総称ですが、実は、当時の金属製キャラクターロボット人形は超合金ではなく、亜鉛合金が使用されていました（**表**）。また、男の子であれば一度は手にしたミニカーも、同様に亜鉛合金が使用されています。

亜鉛合金は、溶けて固まる温度が380℃前後と低いため、目的の形に固まらせる場合にとても都合の良い金属です。また、溶けた液体状の金属は水のように流れやすい性質を持っているため、溶けた金属が金型の隅々まで流れ込みやすく、固まった際には複雑な形状へと形作ることもできます。

金属製キャラクターロボット人形やミニカーは、ダイカストと呼ばれる、精密な金型に溶けた亜鉛合金を高速・高圧で注入し、瞬時に製品を成形する鋳造技術によって作られています。ダイカストによって亜鉛合金を成形した後、**図2**に示す工程を経て、おもちゃへと仕上げられます。

ベーゴマは、バイ貝の殻に砂や粘土を詰めてひもで回したのが始まりと言われており、大正時代から昭和にかけて子供たちに人気がありました。ベーゴマは、ねずみ鋳鉄と呼ばれる炭素量約3・7%の鋳鉄でできています。

要点BOX
- ●金属製おもちゃは亜鉛ダイカスト
- ●ベーゴマはねずみ鋳鉄

図1　亜鉛合金が使われたおもちゃ

表　おもちゃに使われる亜鉛合金

種類	合金組成（重量%）							
	アルミニウム（Al）	銅（Cu）	マグネシウム（Mg）	亜鉛（Zn）	鉛（Pb）	鉄（Fe）	カドミウム（Cd）	錫（Sn）
ZDC2	3.5~4.3	<0.25	0.02~0.06	残部	<0.005	<0.1	<0.004	<0.003

図2　亜鉛合金によるおもちゃの製造工程

亜鉛合金 → ダイカスト → 研磨 → 塗装 → 組立 → ミニカー

61 変わらない輝きが求められる

アクセサリー

指輪やネックレス、ピアスなどのアクセサリーを選ぶ際は、デザインだけでなく、変わらない輝きのために使われている金属も重要です。例えば、アクセサリーを毎日身に着けることを考えると、表面に傷が付きにくい、変色しにくい、金属アレルギーの恐れのない金属であることが求められます。

アクセサリーには、金、銀、プラチナをそれぞれベースとした貴金属からなる合金が多く用いられていま す（**表**）。安価なアクセサリーには、黄銅と呼ばれる銅―亜鉛合金や、洋白と呼ばれる銅―亜鉛―ニッケル合金が用いられており、加飾や耐食性の観点から表面にめっきが施されるものもあります。市場に流通している貴金属製品には決められた純度があり、その貴金属の種類と純度を本体に表示することによって貴金属製品とみなされています。金は24分率、銀とプラチナは1000分率で表します。

アクセサリーに添加元素を加える理由は、①価格②強度③色調です。ベースとなる貴金属より安価な金属を添加することにより材料価格を下げることができます。また、純粋な金属は強度が低いため、他の金属を添加して強度を高めて、傷を付けにくくしています。有色な金属の金や銅に、銀白色の金属を添加することで、合金色調が変化し、アクセサリーの意匠性に役立っています。ちなみに、添加元素としてニッケルが使用されていたこともありますが、最近ではニッケルアレルギーの観点から、添加元素や下地めっきにニッケルが使用されることは少なくなりました。

アクセサリーに使用される金とプラチナは、時間が経過しても輝きは変わりませんが、銀は時間と共に黒ずんでしまいます。これは、大気中に含まれる硫黄成分が銀の表面にくっついて、いわゆる、銀に錆が発生したことが原因です。極端な例ですが、銀のアクセサリーを身に着けたまま硫黄成分の多い温泉に入ると途端に真っ黒になってしまいます。

要点BOX
- ●金、銀、プラチナをベースとした貴金属
- ●添加元素を加える理由は価格、強度、色調
- ●銀のアクセサリーは温泉に注意

表　アクセサリーに使われる代表的な金属

種類		合金組成（重量%）					
		金（Au）	銀（Ag）	銅（Cu）	ニッケル（Ni）	亜鉛（Zn）	パラジウム（Pd）
黄色系	K18	残	15	10	—	—	—
		残	12.5	12.5	—	—	—
		残	10	15	—	—	—
		残	5	20	—	—	—
	K14	残	16.6	24.9	—	—	—
白色系	K18	残	—	2.2	17.3	5.5	—
	K14	残	—	22.2	10.8	8.7	—
	K10	残	—	30.8	15.2	12.3	—
ピンク系	K18	残	4	19	—	—	2

図　指輪の製造プロセス

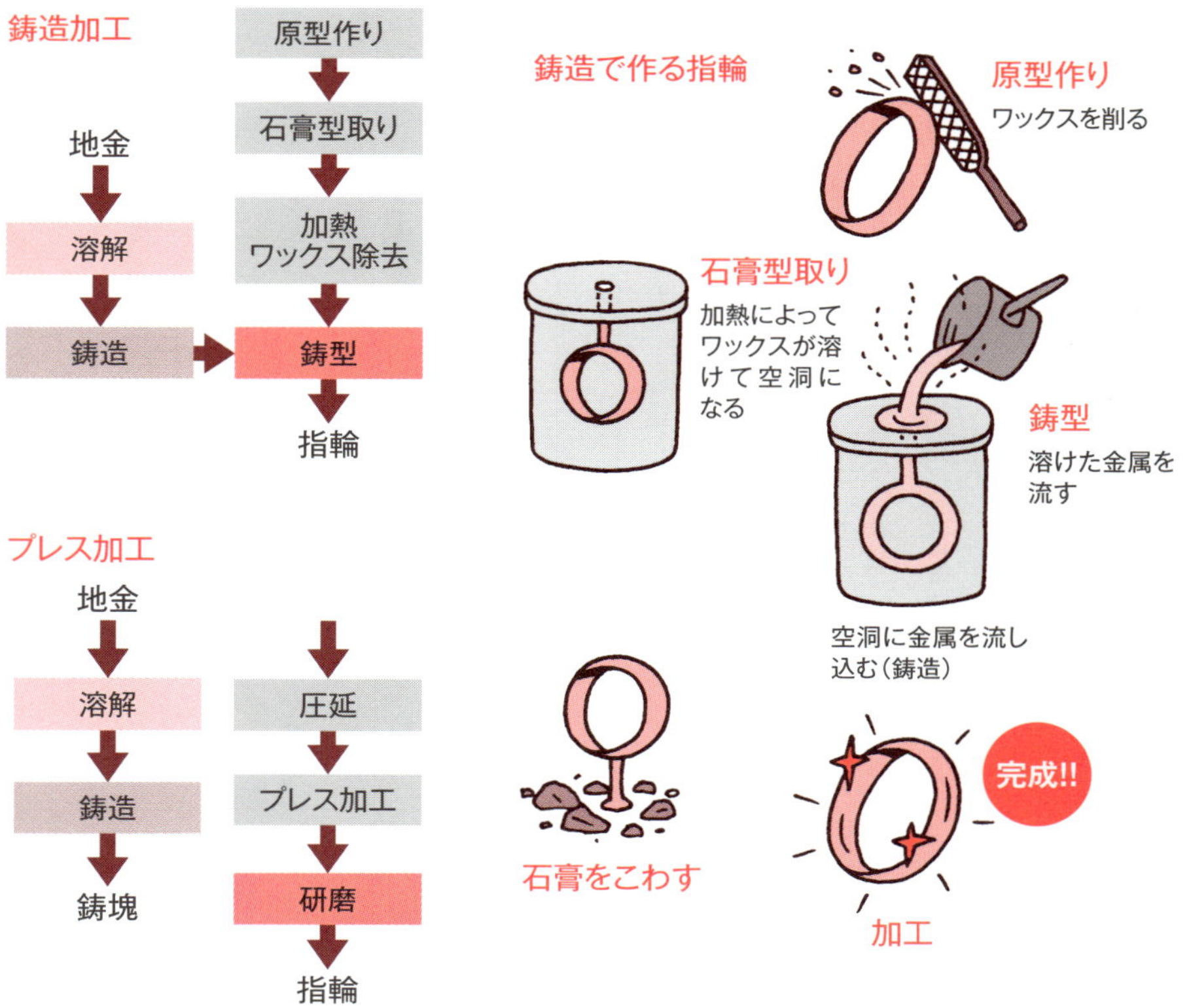

62 社会インフラの至るところで活躍

電線

電線は、電気を伝達する需要な役割を果たしており、発電所、工場、住宅、新幹線、自動車など、社会インフラとして至るところで使用されています。電線と電気を人体に例えると、血管が電線で血液が電気に相当し、人間が体中にある血管で血液が運ばれて生きることができるように、生活に欠かせない電気を伝達する電線は、私達が電気を使用する限りなくなることはありません。

電線に使用される代表的な金属は銅です。これは、前述した通り、金属の中で、銅の導電率が銀に次いで2番目に高く、工業材料として用いられる金属の中で最も高いことが理由です。伸銅品と呼ばれる銅加工品の生産量は2017年に約2950万tで、そのうちの約57%が荒引き線と呼ばれる電線素材です。

電線に使用される銅を材質で大別すると、純銅、銀入り銅、ジルコニウム銅、錫入り銅の4種類に分けられます（**表1**）。純銅系は、酸素を0・03～0・05%含有したタフピッチ銅と、酸素やその他の不純物元素を低減した無酸素銅で、JIS製品規格に規定されている合金種では、タフピッチ銅はC1100、無酸素銅はC1020に規定されています。高温環境下でも優れた機械的性質に対応するために、銀を0・08～0・25%含有した銀入り銅、ジルコニウムを0・05～0・2%含有したジルコニウム銅、錫を0・1～0・15%含有した錫入り銅があります。

これらの荒引き線は、一般的にベルト&ホイール方式と呼ばれる連続鋳造圧延によって製造されます。

工業材料として用いられる金属材料の中で銅に次いで導電率が高いアルミニウムも電線に使用されています。アルミニウムの電線は、主に発電所で発電された電気の変電所への送電用に展開されています。電線に使用される銅を材質で大別すると、イ号アルミ合金や高力アルミ合金などがあります（**表2**）。

要点BOX
- ●人体に例えると血管が電線で血液が電気
- ●電線に使用される代表的な金属は銅
- ●アルミニウム電線は変電所への送電用

表1　電線に使用される銅の材質

種類		合金組成（重量%）				用途
		銅（Cu）	銀（Ag）	ジルコニウム（Zr）	錫（Sn）	
純銅	タフピッチ銅	99.90以上	—	—	—	硬銅線・軟銅線として送電線や絶縁電線の導体
	無酸素銅	99.96以上	—	—	—	
高銅合金	銀入り銅	残	0.08～0.25	—	—	耐熱硬銅線、トロリ線
	ジルコニウム銅	残	—	0.05～0.2	—	耐熱銅線
	錫入り銅	残	—	—	1.5%以下	トロリ線、送配電線

表2　アルミニウム線の分類

種類	内容
電気用硬アルミニウム線	電気用アルミニウム地金から製造され、冷間加工で仕上げたアルミニウムが99.65%以上のアルミニウム線。硬アルミより線および鋼心アルミより線の素線などに使用される。
イ号アルミ合金線	約0.5%のマグネシウムと約0.5%のケイ素を添加したAl-Mg-Si-Fe合金からなる、引張強度309MPa以上、導電率52%以上としたアルミニウム合金線。送電線、架空地線、給電線などに使用される。
耐熱アルミニウム合金線	微量のジルコニウムを添加したAl-Zr合金からなるアルミニウム合金線。再結晶温度の上昇を図ることができ、150℃まで連続使用可能。発変電所用大容量母線や鋼心耐熱アルミ合金より線（TACSR）として大容量送配電線路に使用される。
高力耐熱アルミニウム合金線	耐熱性は耐熱アルミニウム合金線と同等で、引張り強さを耐熱アルミニウム合金線の1.4倍に上げた合金線。大容量送電線路や長径間送電線に使用される。

63 白熱化して赤みを帯びた白色光を発するフィラメント

電球

明かりを灯す電球として寿命が長く省エネ効果の高いLED電球が多く使われるようになり、今では、白熱電球を見かけることが少なくなりました。白熱電球は、トーマス・エジソンが1879年に京都の石清水八幡宮境内の竹をフィラメントに用いて実用化して以降、フィラメント材料や電球内へのガス封入、フィラメント構造など、様々な技術開発が行われました。

図に、白熱電球の構造を示します。中央の1本はMo線、左右の2本はNi線からなる合計3本の支柱がフィラメントを支える構造になっています。フィラメントには、タングステンが使用されています。タングステンはスウェーデン語で「硬い」という意味であり、その融点は3382℃と非常に高温です。タングステンのフィラメントに電気が流れることで自身の電気抵抗によって約2千数百度に熱せられて、白熱化して赤みを帯びた白色光を発します。ガラスのステムを通って延びている2本の細い線には、ガラスに近い熱膨張を示すジュメット線（低熱膨張芯線＋純銅被覆）が用いられています。ジュメット線は口金の内側で、それぞれ銅線に接続され口金の尖端または側壁に接続されています。

一方、白熱電球に取って代わったLED電球にも金属が使われています。LEDとはLight Emitting Diodeの頭文字をとったもので、発光ダイオードとも呼ばれています。LED電球は発光ダイオードを用いた電球で、電気エネルギーを直接光エネルギーに変換して省電力で効率的に発光させることが可能です。LED電球に使用されている金属は、赤色を発色するものはガリウムとヒ素、緑色を発色するものはガリウムとリンであり、ガリウムはレアメタルの1つです。電源に接続する口金には、白熱電球では一般的にアルミニウム合金が使用されていますが、LED電球では、経済産業省令に基づき、安全性と品質性能の観点から銅合金の黄銅が使用されています。

要点BOX
- ●白熱電球のフィラメントにはタングステン
- ●LED電球にはガリウム

図　白熱電球の構造

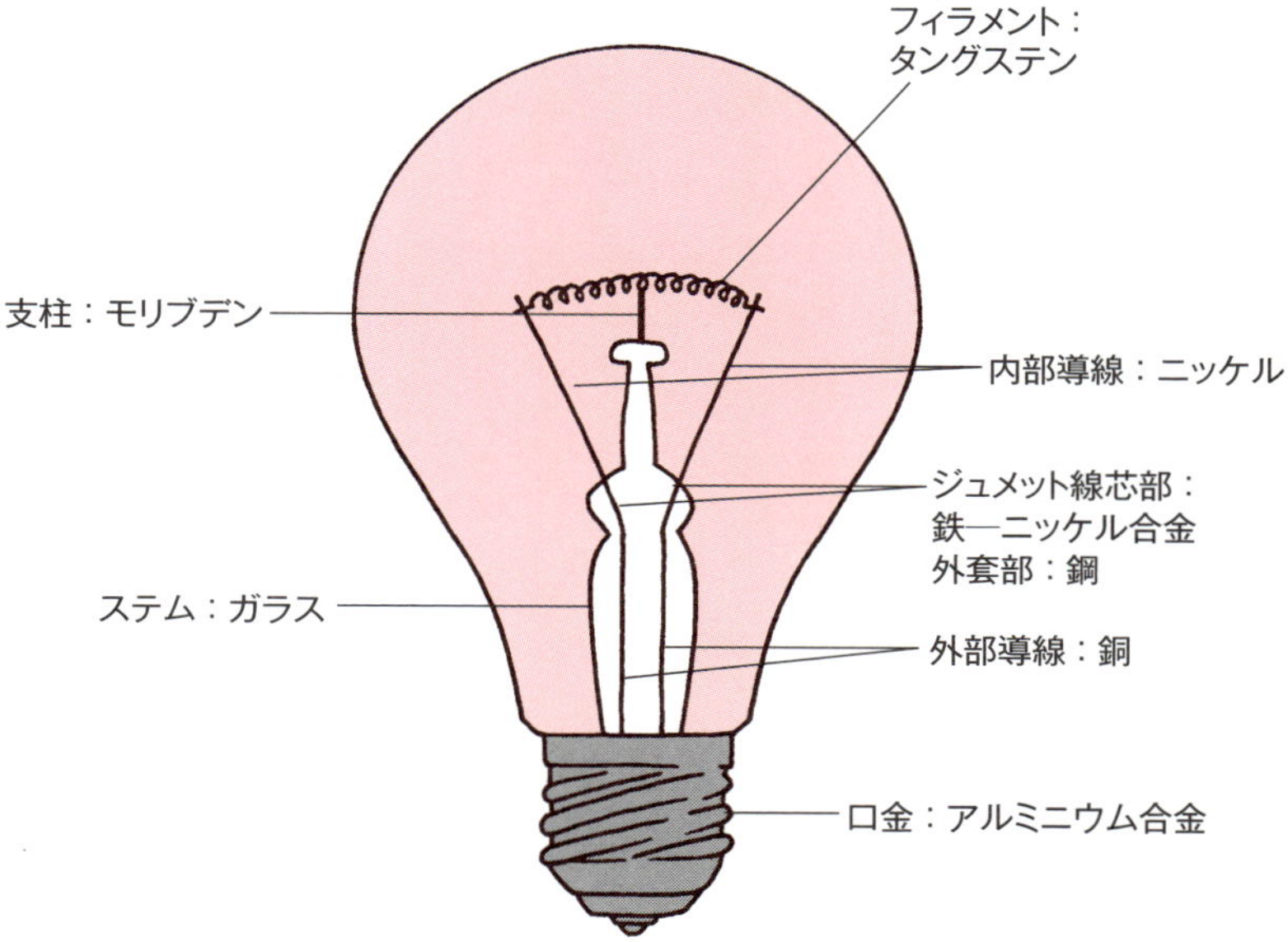
フィラメント：
タングステン
支柱：モリブデン
内部導線：ニッケル
ジュメット線芯部：
鉄―ニッケル合金
外套部：銅
ステム：ガラス
外部導線：銅
口金：アルミニウム合金

LED は赤、青、緑の光の三原色が揃い、様々な色を再現できるようになったんだ。LED 照明の発色にも金属が関係しているのさ
白熱電球のあたたかい色合いを再現する LED 電球もあります

64 軽量化を主眼に置いた材料変遷

スポーツ用具

ゴルフクラブやテニスラケット、野球バットなどをはじめとしたスポーツ用具に用いられる材料は、木材などの天然素材から金属を経て、各種の強化繊維を使った樹脂複合材料へと変化してきています。スポーツ用具には常に性能向上が求められると共に、話題性も要求されることから、**表1**に示すような材料の変遷に至っています。

例えば、現在では炭素繊維強化樹脂（CFRP：Carbon Fiber Reinforced Plasticsの略）が一部の高級車に採用され始めていますが、一般産業に適用されていない1970年代前半にすでにゴルフクラブのシャフトに炭素繊維強化樹脂が採用されていました。このように、様々なスポーツ用具で各種の強化繊維を使った樹脂複合材料の使用が増加していますが、安定した特性を有する金属は、まだまだ活躍しています。具体的には、野球バットやゴルフクラブヘッドがあります。

金属バットにはアルミニウム合金が使用されており、硬式用と軟式用で異なっています（**表2**）。硬式用には、超々ジュラルミンと呼ばれる7000系アルミニウム合金が用いられています。金属バットの製造方法は、スウェージング加工と呼ばれる、分割された工具を回転させて、押出加工した管を鍛造加工しながら延ばしていき、バットの形状に加工します（**図1**）。

ゴルフクラブヘッドには、1990年代に登場したチタン合金が主に使用されています。一振りで飛距離を延ばすために、ゴルフボールが当たるゴルフクラブヘッドの衝突面にはゴルフボールが衝突した際に大きく変形する、ヤング率の低い金属材料が求められます。また、耐久性の観点から、より高強度な金属材料であることも求められます。それぞれの金属のヤング率と引張強度の関係（**図2**）のように、ゴルフクラブヘッドには、高強度でヤング率の低いチタン合金が適しています。

要点BOX
- ●金属バットはアルミニウム合金
- ●ゴルフヘッドは高強度低ヤング率のチタン

表1 スポーツ用具の材料の変遷

スポーツ用具	材料の変遷	効果
ゴルフクラブヘッド	木材 → 鉄鋼 → CFRP → チタン合金	・高強度化 ・ボールの飛距離向上
テニスラケット	木材 → アルミニウム合金 → CFRP	・軽量化 ・強度向上、剛性向上
野球バット	木材 → アルミニウム合金 → CFRP	・軽量化 ・強度向上

表2 金属バットに使われるアルミニウム合金

種類		機械的性質（T6代表値）		
		耐力（MPa）	引張強度（MPa）	伸び（%）
硬式用	A7478	550	610	13
軟式用	A6061	290	340	16

図1 金属バットの製造方法

管
↓
スピニング加工 — 肉厚調整　打撃部分は厚く、グリップ部分は薄く
↓
鍛造加工 — スウェージング加工による形状付与
↓
熱処理 — 強度向上
↓
機械加工 — グリップエンド・ヘッド部の加工
↓
表面処理 — 塗装、陽極酸化（アルマイト）
↓
組立
↓
金属バット

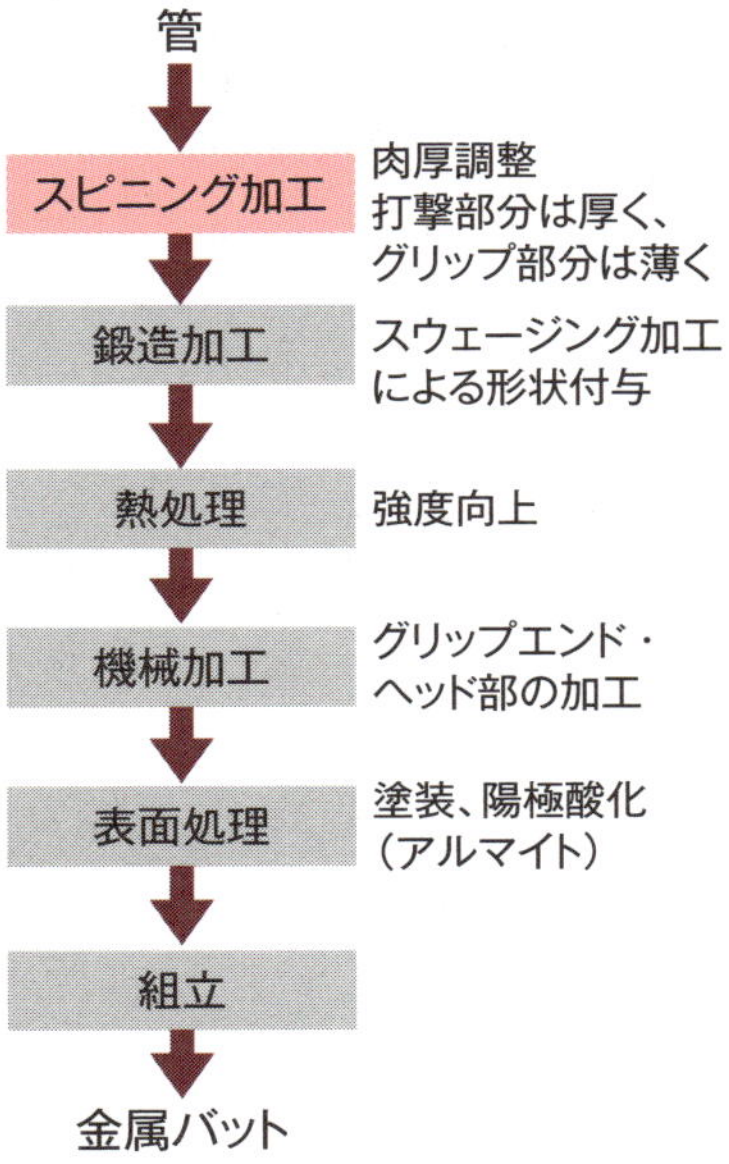

図2 金属のヤング率と引張強度の関係

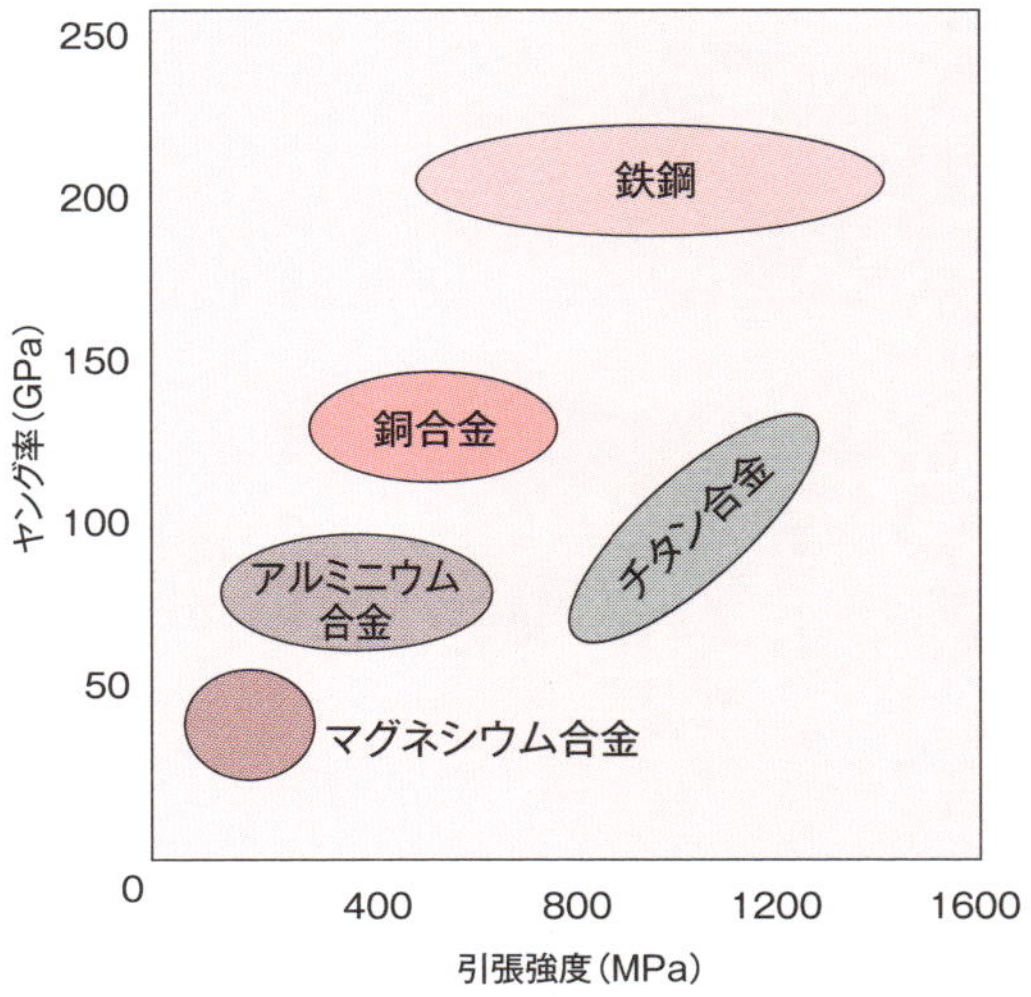

Column

伝統工芸技術を活かした街角モニュメント

富山県高岡市は、1611年に7人の鋳物師から始まった銅器産地として約400年余りの歴史を有する、国内では数少ない地域の1つです。現在までその技術は継承され、高岡銅器として、茶器や花器、香炉の比較的小物から梵鐘などの大型の製品が、青銅やブロンズと呼ばれる銅に錫を添加した銅合金で製造されています。

高岡銅器の製造は、①鋳造②仕上げ③着色の加工工程からなり、熟練した職人の技が発揮されています。

最近、自治体や商店街が町おこし活動の一環として、その地域に関係のあるキャラクター銅像を設置することがブームになっています。鳥取県境港市が『ゲゲゲの鬼太郎』の銅像で町おこしを始めたことがきっかけのようです。

2006年に東京都葛飾区の亀有駅周辺に『こちら葛飾区亀有公園前派出所』、2012年に東京都世田谷区の桜新町駅を中心に『サザエさん』、2013年からは東京都葛飾区の四ツ木駅周辺に『キャプテン翼』のキャラクター銅像がそれぞれ設置されました。

これらのキャラクター銅像は、いずれも富山県高岡市の鋳物メーカーで製造されており、高岡銅器の技術を活かした街角モニュメントです。

今から約400年以上前に始まった高岡の伝統工芸技術は、自治体や商店街による町おこし活動にキャラクター銅像として貢献しています。

（提供：株式会社竹中銅器）

第 8 章

金属材料のこれから

65 鉛、水銀、カドミウムに対する規制と対応

環境への配慮

かつて日本の戦後復興時期において産業を優先させてきた結果、重金属による環境汚染が問題となりました。欧州連合(EU)では、2000年10月にELV指令(廃自動車指令)が発効されました。これにより、2003年7月1日以降に市場に出る自動車の材料および部品に鉛、水銀、カドミウム、6価クロムが含まれることを禁じています。2006年7月に施行され2011年7月に全面改定されたRoHS指令(電気電子機器に含まれる特定有害物質の使用を制限する指令)では、鉛、水銀、カドミウム、6価クロムと2種類の臭素系難燃剤の6物質の対象となる電気電子機器への使用が禁止になりました(**表1**)。各指令での鉛、水銀、カドミウムの最大許容含有量は**表2**で紹介します。

鉛は、紀元前3000年頃のエジプトで、装身具や漁網の錘、耳輪などに使用されていたことが知られており、古代から使用されてきた金属です。また、化粧品の白粉、屋根瓦、水道管、はんだ、蓄電池、ガラス、ガソリンへの添加剤など様々な分野で使用されてきました。その他の鉛の用途として、金属材料への添加による切削性向上があります。銅および銅合金への鉛添加によって母相とは異なる鉛粒子が金属組織中に均一に分散し、鉛の融点の低さから切削加工時の熱で鉛が溶解し、鉛粒子が切り屑生成時の破壊起点として作用して、切削性が改善されます。数%の鉛添加によって、良好な切削仕上げ面と切削屑が分断される切削屑処理性が実現されています。

一方で、鉛は古くから毒性のある金属として知られており、鉛が何らかの原因で体内に摂取されすぎると神経系に悪影響を及ぼすと言われています。そこで、鉛を含まない新たな快削黄銅の対応が求められ、ビスマス系鉛レス快削黄銅とシリコン系鉛レス快削黄銅が開発され、実用化されています。

要点BOX
- ●鉛は古代から身近に使用されてきた金属
- ●鉛を含まない新たな快削黄銅

表1　ELV指令とRoHS指令

規制	規制の内容
ELV指令	ELVは、"End of Life Vehicle"の略で、欧州連合が定めた廃自動車に関する規定。自動車の製造と輸入者に対して廃車の回収·リサイクルの実施、コスト負担を義務付けている
RoHS指令	RoHSは、"Restriction of Hazardous Substances"の略で、コンピューターや通信機器、家電製品などの電気製品に含まれる危険物質の使用を禁止する欧州連合の指令である

金属が環境に
与える影響は
配慮すべきこと。
時代と共に
重要視されてきて
いるのだ
利点と欠点の
両方を見る必要が
ありますね

表2　ELV指令とRoHS指令における鉛、水銀、カドミウムの最大許容含有量

金属	しきい値（ppm）	
	ELV指令	RoHS指令
鉛	1,000	1,000
水銀	1,000	1,000
カドミウム	100	100
6価クロム	1,000	1,000

66 金属資源が少ない日本の貴重な資源確保手段

リサイクル

中国をはじめとする新興国では、金属資源の需要が拡大しています。リサイクルは、金属資源が少ない日本にとって貴重な資源確保の有効手段と言えます。金属の中でも、アルミニウムはリサイクルの優等生と言われています。

アルミニウム地金の製造方法は、ボーキサイトと言われる赤褐色の鉱石を苛性ソーダ液で溶かしてアルミン酸ソーダ液をつくり、そこからアルミナ分を抽出します。抽出したアルミナを溶融氷晶石の中で電気分解してアルミニウム地金を製造します(図)。

ボーキサイトから1tのアルミニウム地金を作るのに一般家庭の約7年分の電力エネルギーが必要と言われています。そのため、アルミニウムは電気の缶詰と呼ばれます。使用済みのアルミニウムスクラップを再利用するのに必要なエネルギーは、ボーキサイトから作るエネルギーの約3%で済みます。

アルミニウム製品の中でもリサイクルが一番進んでいるのはアルミニウム缶です。1971年にアルミニウム缶が日本に登場して以降、今では年間約180億個のアルミニウム缶が消費されています。使用済みのアルミニウム缶は回収されて、アルミニウムに生まれ変わります。

2018年のアルミニウム缶のリサイクル率は、前年度比1・1ポイント増の96・3%で、4年連続で安定的に90%以上のリサイクル率を維持しています。アルミニウム缶から生まれ変わったアルミニウムが新たなアルミニウム缶に生まれ変わる割合は72・4%で、その他はエンジンなどの自動車用部品に再利用されています。

アルミニウム缶は、絞り加工した缶ボディーと開口タブの付いた缶エンドからなります。缶ボディーには3000系のAl-Mn系合金のA3104合金が、缶エンドには5000系のAl-Mg系合金のA5182合金がそれぞれ使用されています。

要点BOX
- ●アルミニウムはリサイクルの優等生
- ●アルミニウムは電気の缶詰
- ●アルミニウム缶のリサイクル率は90%以上

図　アルミニウム地金の製造方法

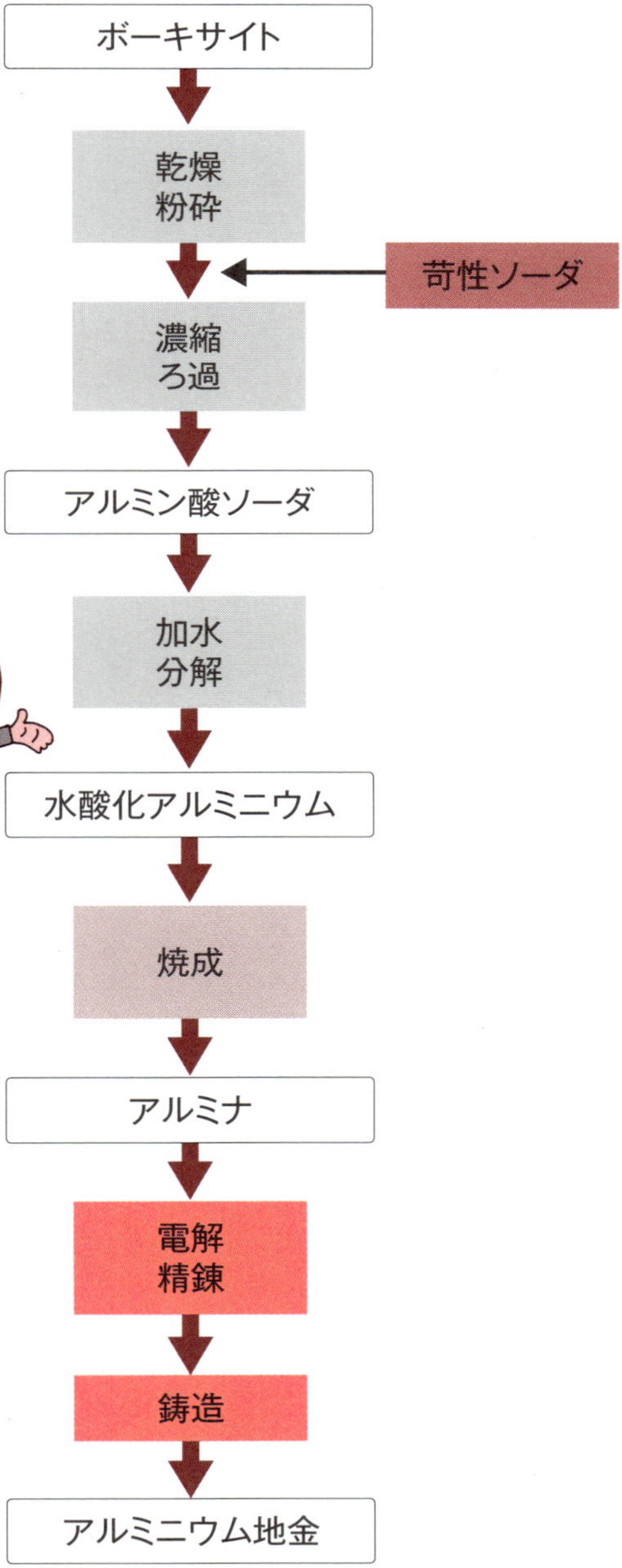

67 人工知能を用いた材料開発

マテリアルズ・インフォマティクス

最近、AIという言葉を耳にします。AIとは、人間の知的な能力をコンピューターで可能にする人工知能のことで、英語表記のArtificial Intelligenceの頭文字を取っています。

AIの進歩は目覚ましく進んでおり、人間とAIの将棋や囲碁、チェスの対決が行われており、しばしばAIによる人間超えが起きています。このようなAIは、材料開発の分野でも活用され始めており、AIを活かした材料開発のことをマテリアルズ・インフォマティクスと言います。これは、情報科学を通じて新材料の効率的な探索や材料配合の最適化が可能な取り組みで、開発スピードの短縮など、開発の効率化が期待されています。

従来の材料開発とマテリアルズ・インフォマティクスの開発手法を比較してみます(**図**)。これまでの材料開発では、研究者の経験や理論に基づく試行錯誤の実験が行われています。そのため、材料が完成するまでに多大な時間を要してしまいます。

マテリアルズ・インフォマティクスは、これまでに得られた各種の実験データをAIによって解析し、要求性能を満たす材料の候補を予測するというものです。マテリアルズ・インフォマティクスは、2011年に米国オバマ政権が産業競争力強化を目的とした科学政策Materials Genome Initiativeを発端に注目されました。その後、欧州や中国、韓国など、世界的に国家戦略としての動きが広がっています。

日本では、公的機関や民間企業でマテリアルズ・インフォマティクスに関するプロジェクトが行われています。具体的な成果として、リチウムイオン電池の正極材や太陽電池材料、光触媒材料などが開発されています。

今後のマテリアルズ・インフォマティクスの発展は、関係機関の協力のもとで、如何に機械学習に必要なデータを蓄積できるかにかかっています。

要点BOX
- 過去のデータをAIで解析し材料候補を予測
- 発端は米国オバマ政権による科学政策

図　従来の材料開発とマテリアルズ・インフォマティクスによる開発手法

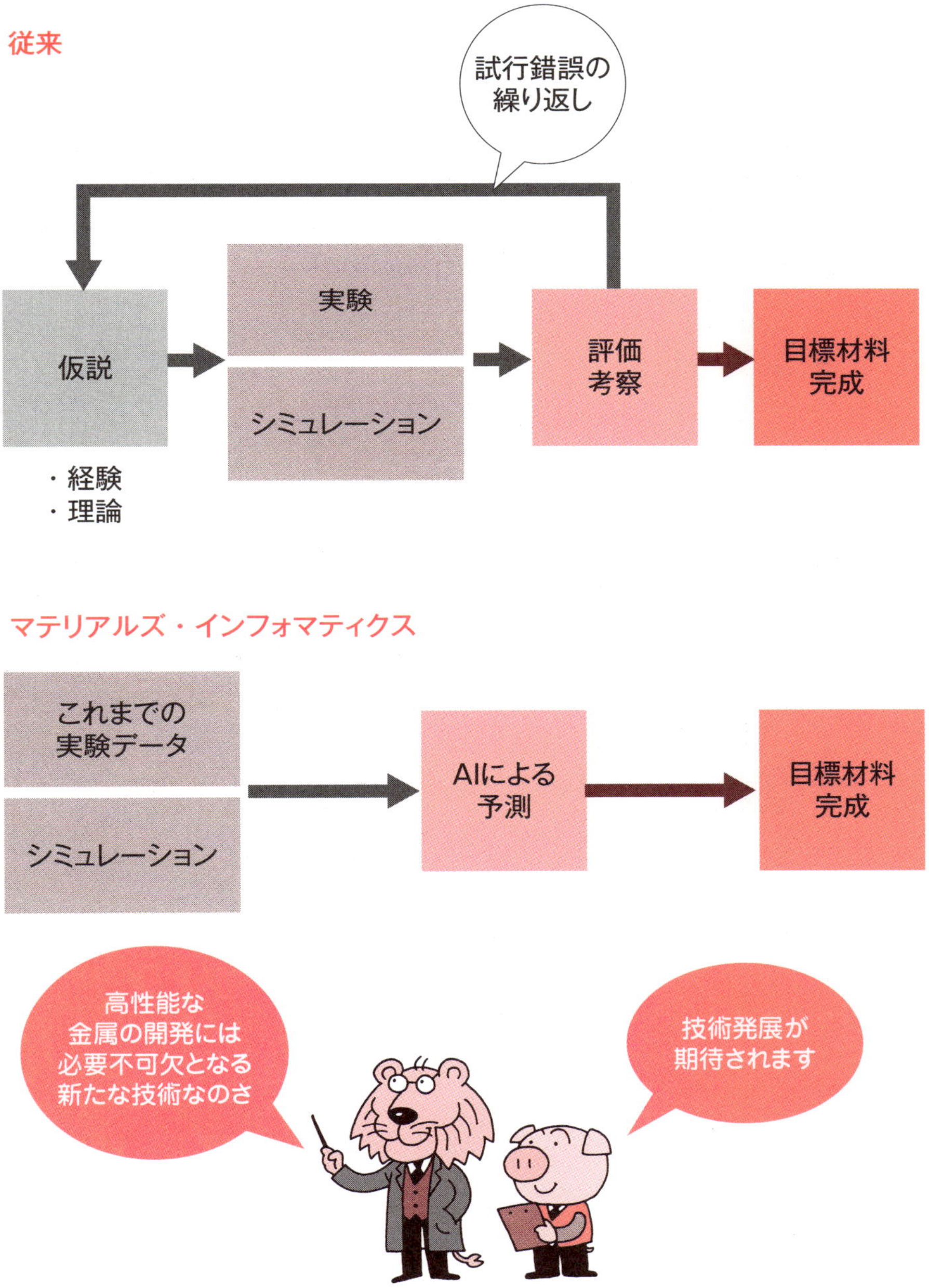

Column

都市鉱山とオリンピックメダル

2020年東京オリンピック・パラリンピック競技大会の開催に伴い、2017年4月から公益財団法人東京オリンピック・パラリンピック競技大会組織委員会が中心となって、金、銀、銅メダル約5000個分を使用済み携帯電話などの小型家電から製作する「都市鉱山からつくる！ みんなのメダルプロジェクト」が実施されました。これは、オリンピック史上初の取り組みで、リサイクル金属をメダル製作に活用することで環境に配慮すると共に、小型家電リサイクルを更に普及する狙いもあったようです。

表に、代表的な小型家電に含まれる金属量を示します。廃棄物として排出される使用済み携帯電話などの小型家電には、鉱石に引けをとらない金や銅、銀が存在していることが分かります。

廃棄物として排出される使用済み家電製品に存在する金属資源を、あたかも鉱物が採掘される鉱山に見立てて、都市鉱山と呼びます。この呼び名は東北大学の故南條道夫教授が約20年前に提案したものです。

世界における都市鉱山の取引量は、2017年の約70万tに対して、2026年には約110万tに成長すると予想されています。

今回のメダルプロジェクトは、多くの市町村や企業の協力のもとで進められ、メダル製作に必要な金属量を100％確保できる見通しとなったことから、プロジェクトとしての小型家電などの回収受付を2019年3月31日に終了しました。今回のプロジェクトによって、リサイクルに対する意識が益々高まって欲しいものです。

小型家電	金属含有量			
	金（Au）（g/t）	銀（Ag）（g/t）	パラジウム（Pd）（g/t）	銅（Cu）（%）
携帯CDプレーヤー	120	1,200	5	5.5
デジタルカメラ	170	490	4	5.6
携帯電話	400	2,300	100	17.2

【主な参考文献】

「元素111の新知識」、桜井弘　編、講談社(2013年2月20日)
「人工元素の発見史」(化学と教育 65巻3月号、p112-115)、若林文高 著、日本化学会(2017年)
「ポピュラー・サイエンス　微量元素の世界」、木村優　著、裳華房(1993年6月30日)
「トコトンやさしい　錆の本」、松島巖　著、日刊工業新聞社(2004年11月29日)
「しくみ図解シリーズ 金属材料が一番わかる」、三木貴博 監修、技術評論社(2014年9月25日)
「図解入門　最新金属の基本が分かる事典」、田中和明　著、秀和システム(2018年9月15日)
「JIS　鉄鋼材料入門」、大和久重雄　著、大河出版(1989年1月20日)
「講座・現代の金属学　材料編　第4巻　鉄鋼材料」、日本金属学会　編、日本金属学会(1985年6月20日)
「鉱物資源マテリアルフロー2017」、独立行政法人　石油天然ガス・金属鉱物資源機構(2018年3月)
「トコトンやさしい　非鉄金属の本」、山口英一　監修、日刊工業新聞社(2010年8月30日)
「講座・現代の金属学　材料編　第5巻　非鉄材料」、日本金属学会　編、日本金属学会(1987年9月18日)
「非鉄金属材料」、梠山正孝　著、コロナ社(1987年10月10日)
「金属データブック」、日本金属学会　編、丸善(1993年3月25日)
「銅および銅合金の基礎と工業技術」、「銅および銅合金の基礎と工業技術(改訂版)」編集委員会 編、日本伸銅協会(2016年3月1日)
「伸銅品データブック」、伸銅品データブック編集委員会 編(2009年3月31日)
「銅のおはなし」、仲田進一　著、日本規格協会(2010年4月20日)
「アルミニウム　ハンドブック」、軽金属協会　編、軽金属協会(1990年1月15日)
「チタンの加工技術」、日本チタン協会　編、日刊工業新聞社(1992年11月27日)
「図解よくわかる　貴金属材料」、岡田勝蔵　著、日刊工業新聞社(2014年1月30日)
「絵とき『貴金属利用技術』基礎のきそ」、清水進・村岸幸宏　著、日刊工業新聞社(2016年6月28日)
「おもしろサイエンス 貴金属の科学」、菅野照造　監修、日刊工業新聞社(2007年8月30日)
「トコトンやさしい レアアースの本」、藤田和男　監修、日刊工業新聞社(2012年8月30日)
「アモルファス金属のおはなし」、増本健　著、日本規格協会(1988年3月18日)
「絵とき『材料試験』基礎のきそ」、西畑三樹男　著、日刊工業新聞社(2008年1月30日)
「硬さ試験の理論とその利用法」、中村雅勇　著、工業調査会(2007年6月1日)
「摩擦・摩耗試験機とその活用」、日本トライボロジー学会　編、養賢堂(2007年11月29日)
「しくみ図解シリーズ 金属加工が一番わかる」、井上忠信　監修、技術評論社(2012年9月5日)
「図解入門よくわかる 最新金属加工の基本と仕組み」、田中和明　著、秀和システム(2008年10月1日)
「トコトンやさしい 金属加工の本」、海野邦昭　著、日刊工業新聞社(2015年6月5日)
「トコトンやさしい 鋳造の本」、西直美・平塚貞人　著、日刊工業新聞社(2015年2月20日)
「生産コスト削減のための製品設計」、日経メカニカル　編、日経BP社(1998年7月15日)
「機械設計のための材料選定」、金子純一・大塚正久　訳、内田老鶴圃(1997年10月30日)
「図解入門よくわかる 最新めっきの基本と仕組み 第2版」、土井正　著、秀和システム(2016年2月1日)
「金属の着色と染色」、呂戊辰　著、槇書店(1991年5月10日)
「金属疲労とショットピーニング」、ショットピーニング技術協会　編集、現代工学社(2004年2月10日)
「コインから知る　金属の話」、岡田勝蔵　著、アグネ技術センター(2000年3月20日)
「マテリアルズ・インフォマティクス」、岩崎悠真　著、日刊工業新聞社(2019年7月22日)

今日からモノ知りシリーズ
トコトンやさしい
金属材料の本

NDC 531.2

2019年10月30日　初版1刷発行
2025年 5月20日　初版7刷発行

Ⓒ著者　吉村　泰治
発行者　井水　治博
発行所　日刊工業新聞社
　　　　東京都中央区日本橋小網町14-1
　　　　（郵便番号103-8548）
　　　　電話　書籍編集部　03(5644)7490
　　　　　　　販売・管理部　03(5644)7403
　　　　FAX　03(5644)7400
　　　　振替口座　00190-2-186076
　　　　URL　https://pub.nikkan.co.jp/
　　　　e-mail　info_shuppan@nikkan.tech
印刷・製本　新日本印刷(株)

●DESIGN STAFF
AD ───── 志岐滋行
表紙イラスト ── 黒崎　玄
本文イラスト ── 榊原唯幸
ブック・デザイン ── 奥田陽子
　　　　　　　（志岐デザイン事務所）

●
落丁・乱丁本はお取り替えいたします。
2019 Printed in Japan
ISBN　978-4-526-08015-9 C3034
●
本書の無断複写は、著作権法上の例外を除き、
禁じられています。

●定価はカバーに表示してあります

●著者略歴
吉村　泰治（よしむら・やすはる）
●略歴
1968年生まれ
1994年3月　芝浦工業大学大学院工学研究科金属工
　　　　　　学専攻　修了
1994年4月　YKK株式会社　入社
2004年9月　東北大学工学研究課博士後期課程材料
　　　　　　物性学専攻　修了
2016年4月　YKK株式会社　執行役員　工機技術本
　　　　　　部　基盤技術開発部　部長
2021年4月　YKK株式会社　専門役員
博士（工学）、技術士（金属部門）

●著書
『銅のはなし』技報堂出版、2019年8月
『パパは金属博士！』技報堂出版、2012年4月
「生活を支える金属　いろはにほへと」大河出版（『月刊ツー
ルエンジニア』に2013年4月〜2019年10月隔月連載）
「モノづくりを支える金属元素　いろはにほへと」大河出版
（『月刊ツールエンジニア』に2021年2月〜隔月連載）